Carl Euler

Erzbischof Willigis von Mainz in den ersten Jahren seines Wirkens

Carl Euler

Erzbischof Willigis von Mainz in den ersten Jahren seines Wirkens

ISBN/EAN: 9783743661257

Hergestellt in Europa, USA, Kanada, Australien, Japan

Cover: Foto ©ninafisch / pixelio.de

Weitere Bücher finden Sie auf **www.hansebooks.com**

Erzbischof Willigis von Mainz

in den ersten Jahren seines Wirkens.

Geschichtliche Abhandlung

von

Dr. Carl Euler,
Adjunkt in Pforta.

Nebst

dem Jahresbericht des Rectors.

Einladungsprogramm

zu der

am 21. Mai 1860 stattfindenden Stiftungsfeier

der

Königlichen Landesschule Pforta.

Naumburg,
Druck von Heinrich Sieling.
1860.

Zu den hervorragendsten Erscheinungen der an bedeutenden Charakteren so reichen Epoche der deutschen Regenten aus dem sächsischen Hause verdient mit Recht Willigis, Erzbischof von Mainz und Erzkanzler des deutschen Reichs gerechnet zu werden. Aus geringem Stande durch seiner Fürsten Gunst und eignes Verdienst rasch empor gehoben, hat er als erster deutscher Kirchenfürst über ein Menschenalter einen höchst bedeutenden Einfluss ausgeübt. Vier deutschen Königen hat er gedient, Deutschlands grösster Monarch hat ihn seines Vertrauens gewürdigt, sein Sohn, der zweite Otto, hat den treuen Kanzler auf den höchsten deutschen Kirchenstuhl gesetzt, den kurz zuvor der eigne Oheim inne gehabt. Bald erhielt er Gelegenheit, seine Treue gegen das Königshaus zu beweisen, als dem jungen unmündigen Sohne seines Herrn, Otto III, von den eignen Verwandten Gefahr drohte. Willigis gebührt vor allen der Ruhm, ihm die Krone und vielleicht das Leben erhalten zu haben, durch seine unerschütterliche Treue, durch seine mannhafte Festigkeit, durch den Einfluss seiner Stellung und die Achtung vor seiner Persönlichkeit im ganzen Reich. Dann hat er den beiden kaiserlichen Vormünderinnen, der Mutter und Grossmutter des kleinen Königs kräftig zur Seite gestanden, er hat mit ihnen vereint die Zügel des Reichs geführt, er hat eine Reihe von Jahren die Geschicke Deutschlands geleitet und dies war gut berathen unter seiner Leitung. Er überwachte die Jugend seines Herrn, er geleitete ihn zur Kaiserkrönung nach Rom und führte dem römischen Stuhle den ersten deutschen Pabst zu, den sein Scharfblick als den tauglichsten und tüchtigsten zu dieser höchsten kirchlichen Würde erkannt hatte. Der Kaiser starb in der Blüthe der Jugend; es war wieder Willigis, der durch die Wahl und Krönung Heinrichs II, des Sohnes seines frühern Gegners, dem sächsischen Hause die deutsche Königskrone erhielt. Und auch diesen unterstützte des hochbetagten Erzbischofs erfahrener Rath; auch ihm hat Willigis durch sein Ansehen wichtige Dienste geleistet. So führte er ein bedeutungsreiches politisches Leben. Aber auch das kirchliche Amt handhabte er mit Eifer und Einsicht. Nach allen Seiten hin erstreckte sich seine Sorgfalt, sein Einfluss. Eine ganze Reihe von Bischöfen ist von seiner Hand geweiht, von ihm in die Pflichten ihres Amtes eingeführt worden. Er überwachte das kirchliche Leben, führte pflichtvergessene Priester mit unerbittlichem Ernst zur Pflicht zurück, ohne Ansehen der Person, und sollte er sich selbst den Wünschen seines eignen Herrn entgegen setzen. Wir sehen ihn als deutschen Bischof dem römischen Pabste fest und selbst starr gegenüber treten. Auch den frischen Keimen, die in Wissenschaft und Kunst damals hervorsprossten, wendet er seine Aufmerksamkeit zu, und manche kirchliche und andere Bauten sind durch ihn gegründet und gefördert worden. Sein ganzer

Charakter erscheint als ein durch und durch deutscher, der noch an die Zeiten Heinrichs I erinnert, treu und bieder, kräftig und herb, allem Phantastischen abhold, allzeit die deutschen Interessen wahrend. Er hat keinen gleichzeitigen Biographen gefunden, und man kann aus den zerstreuten Notizen die Umrisse seines äussern Lebens nur annähernd zusammenstellen; deutlicher tritt sein Wirken aus den Quellenschriftstellern und besonders aus den erhaltenen Urkunden seiner Zeit hervor. Die Geschichte des deutschen Reichs kann man vielfach auch seine Geschichte nennen. Daher wuchs, als ich sein Leben und Wirken darzustellen unternahm, unmerklich mir der Stoff unter den Händen an, und ich erkannte bald, dass ich in vorliegender Abhandlung mich nur auf einen Theil seines Lebens beschränken musste, das übrige gesammelte für spätere Zeiten zurücklegend. So wählte ich die ersten Jahre seines Archiepiskopats bis zum Tode Ottos II, ohne mich jedoch in der Schilderung der nicht politischen Wirksamkeit Willigisens genau an diese Eintheilung binden zu können. Den Stoff entnahm ich aus den Annalisten und Chronisten des zehnten und elften Jahrhunderts, wie sie in Pertz monumentis Germaniae historicis und in Fr. Böhmers fontibus rerum Germanicarum Theil I bis III gesammelt sind. Die spätern Chronisten fand ich in den Sammelwerken des Pistorius, Meibom, Mencken, Leibniz fast vollständig zusammen, doch waren mir einige nicht zugänglich. Dann aber muss ich ganz besonders der Darstellungen Wilhelm Giesebrechts in Rankes Jahrbüchern des deutschen Reichs unter dem sächsischen Hause, Band II, Abtheilung 1, und desselben Geschichte der deutschen Kaiserzeit, Band I, und der Kaiserregesten Fr. Böhmers für die Urkunden dankbare Erwähnung thun. Monographien von Willigis kenne ich nur zwei, und zwar von der einen nur den Titel: 'Willigisi vitam et miracula Adolfus Godefridus Volusius tunc temporis chori ferrei Parochus, post Episcopus Diocletianopolitanus et Suffraganeus Moguntinensis, anno 1675 litteris persecutus est;' die andere, eine Dissertation aus Münster: 'De Willigisi Archicancellarii regni Germaniae et archiepiscopi Moguntini vita et rebus gestis commentatio historica; scripsit Ioannes Henricus Ossenbeck 1859' ist nicht frei von manchen Unrichtigkeiten. Eine eingehendere Darstellung widmen Willigis einige Mainzische Schriftsteller, vor allem Serrarius mit den Noten von Ioannis: 'Volumen primum rerum Moguntiacarum, quo contineatur Nicolaii Serrarii, Societatis Iesu theologi rerum Moguntinensium libri quinque, annotationibus etc. accurante Georgio Christiano Iohannis p. 449' ff. und F. Werner: der Dom von Mainz 1836 Band I. Auch aus Ioannis Latomi Catalogus episcoporum et archiepiscoporum Moguntinensium usque ad a. 1582 bei Mencken scriptores rerum Germanicarum III, 478 konnte ich einiges benutzen.

Geschlecht und Herkunft, die früheren Lebensumstände des Willigis[1]) sind nicht bekannt, da durchaus alle historischen Zeugnisse fehlen, die Glauben verdienen, mit einer einzigen Ausnahme. Bischof Thietmar von Merseburg in seinem chronicon III 3 (P. M. G. 759) erzählt uns nämlich dass nach dem Tode des Erzbischofs von Mainz Robertus (Ruotbert oder Rupert) im Jahre 975 Otto II seinen Kanzler Willigis an dessen Stelle gesetzt habe, 'multis hoc ob vilitatem sui generis renuentibus' und fährt dann fort: 'Sciebat enim Petro attestante, quod non est personarum acceptor Deus, sed omnes se ex corde diligentes pre ceteris amat, incomprehensibili honore remunerans.

---

[1]) Der Name des Willigis ist auf die verschiedenartigste Weise geschrieben worden, und es zeigt sich ganz besonders in den ersten Urkunden, die er als Kanzler und auch noch als Erzkanzler unterzeichnet, ein grosses Schwanken. Dass der eigentliche Name Willigisus (Uuilligisus, Vrilligisus) ist, wird nicht nur durch die grosse Mehrzahl der Urkunden und der Schriftsteller in den Monumentis Germaniae historicis von Pertz bezeugt, sondern dies geht auch hervor aus den beiden aus Erz gegossenen Thüren, ehemals der Liebfrauenkirche zu Mainz von Willigis geschenkt, jetzt am Dom daselbst, und die nach Serrarius und Guden folgende Inschrift haben:

WILLIGISVS ARCHIEPIS EX METALLI SPECIE VALVAS EFFECERAT PRIMVS

vrgl. Serrar. z. Jahr 989. Guden codex diplomaticus I p. 116. Schnaase, Geschichte der bildenden Künste IV 2. p. 509. F. Werner der Dom von Mainz I, p. 329, 512, 540, 565. Vrgl. auch Latomi catal. episc. et archiep. Moguntin. bei Meucken script. rer. Germ. III, p. 478. Auf diese Thüren liess später, im Jahre 1135 Erzbischof Adalbert den berühmten Freiheitsbrief eingraben, mit dem er die bei seiner Gefangenschaft auf dem Trifels ihm bewiesene Treue der Mainzer belohnte. Vrgl. Guden am genannten Ort.

Abweichungen von dieser Schreibart des Namens Willigisus sind folgende:

Willegisus, an vielen Stellen, z. B. Guden c. d. I, 365 und 366. Leibniz ann. imp. occid III, 724.
Annal. Einsidl. z. J. 1011 (Pertz M. G. III, p. 144) Thangmari vita Bernwardi (P. M. G. IV, p. 729). Spätere Schriftsteller, wie Tritheim gebrauchen diese Form durchgehends.
Wilegisus, ann. Ottenburani (P. M. G. V. p. 5). Ekkeh. IV. Casus St. Galli (P. M. G. II, 123).
Wiligisus, ebenfalls häufig, z. B. Monum. Boica XXVIII, 198.
Villigisus gest. episc. Camerac. P. M. G. VII, 448, Ann. Ottenb. P. M. G. V, 5.
Uuildigisus Mon. Boic. XXXI, 217.
Willikisus Wenck, hessische Landesgesch. II, 42.
Willichisus ann. Quedlinb. z. J. 1002 P. M. G. III, 78.
Willeghisus chron. Hildesh. P. M. G. VII, p. 847 und 852.
Wikegisus Engelhusius Chron. Leibn. script Brunsvic. II, 1080.
Vullegisus Wenck II, 37.
Wulligisus Miraeus opera diplom. et hist. I, 347.
Willichinus bei Craws Mader. antiqu. Brunsvic. p. 85.
Wilichus vrgl. Serrar. 449: 'zu den ziten was Bischoff Wilichum zu Menz, fast ein selig Man.'

1

Qualiter autem hunc pastorem futurum divina pietas presignaverit, non est silendum. Huius mater quamvis paupercula, tamen, ut in sequentibus apparet, bona, dum eundem in utero portaret, vidit per somnium, quod sol e sinu suimet fulgens totam radiis flammantibus repleret terram. Et in ea nocte, qua haec talem peperit infantem, simili procreacione totum hoc iumentum, quod ipsa in domo sua habuit, quasi gratulabundum dominae respondit. Ille, qui tunc natus est, sol erat, quia sanctae predicationis suae radiis corda multorum a Christi caritate torpentium illuxit. Et idcirco in eius nativitate masculini sexus mirabilis multitudo gignitur, quia vir Dei ad salutem patriae totius summa predestinatione regnaturus exoritur. Felix mater, quam Dominus pre caeteris contemporalibus suis in tantum visitavit, ut prolem nobilioribus coequalem vel etiam nonnullis meliorem pareret, et ostensae sibi visionis spem oculis et re ipsa veram esse probaret.' Zu dieser Erzählung benutzt Thietmar wahrscheinlich die Angaben der annales Magdeburgenses (chronographus Saxo) P. M. G. XVI, p. 154, in denen bei dem Jahre 975 steht: 'Ruothbertus archiepiscopus Mogontiensis obiit, cui Willigisus successit.' Dies ist der chronologische Kern; im übrigen folgt er ohne Zweifel mündlicher Ueberlieferung. Dass die Fürsten es Otto verdachten, dass er einen Niedriggeborenen so hoch erhoben hatte, lässt sich wohl denken.[1] Es scheint daraus hervorzugehen, dass man schon damals[2] nichts näheres über die Herkunft des Willigis wusste, da wohl anzunehmen ist, dass

   Quilligisius Sagittarius, historia ducatus Magdeburgensis in Boysen allgem. hist. Magazin I, 170.
   Vuilgisus oder Wilgisus Leibn. ann. 330, 332. Lacomblet Urkundenbuch für die Geschichte des Niederrheins I, 74.
   Willisus Mon. Boic. XXXI, 210 u. 219. Neugart. cod. dipl. Alemanniae I, 618 u. 620. M. Höfer Zeitschrift für Archivwissenschaft II, 134. Gerckeu, cod. dipl. Brandenburg. I, 27. Werner Dom v. Mainz I, p. 351.
   Willisus oder Willusus Harenberg historia ecclesiae Gandersheimensis 64. Leibn. origines Guelficae IV, 462.
   Willisius (Quillisius) Sagitt. I, 160.
   Quillisius (Quilusius) Sagitt. I, 160, 163, 164, 167.
   Wicillisus Mirueus I, 506.
   Den Namen Willigisus führten in jener Zeit noch zwei Pröbste zu Walbeck, von denen der zweite ein Stiefbruder Thietmars war. vrgl. Thietm. chron. VI, 30 u. 31 P. M. G. p. 818 u. 820. Das Todesjahr des letztern s. calend. Mersch. Höfer Zeitschrift f. Archivw. I, p. 121. Vrgl. dazu Hesse p. 150.

[1] In ähnlicher Weise soll Otto I Herzog Hermann von Sachsen, genannt Billung oder Billing, erhoben haben. Adam von Bremen in den gestis Pontificum Hammenburgensium (P. M. G. VII, 308) nennt ihn 'vir pauperibus ortus natalibus, primo, ut aiunt, 7 mansis totidemque manentibus ex hereditate parentum contentus' Auch an seinen Namen knüpfen sich später entstellende Sagen. Vrgl. Ranke, Jahrbücher des deutschen Reichs I, 2. p. 191. ff. chronic. Lüneburgicum (Leibn. script. Brunsv. illustr. III, p. 173) 'ein vader hete Byling, und war ein buer.' Bünting Lüneburgische Chronik p. 2. ff. Nicht ganz stimmt allerdings damit Widukind. res gestae Saxonicae II, 4. Meibom vindiciae Billinganae im dritten Band seiner res Germ. p. 37 ff. vertheidigt seine edle Geburt. Uebrigens gründet sich auf die Bemerkung Thietmars über den Neid der Grossen wegen Willigisens Ernennung zum Erzbischof vielleicht eine der späteren Sagen. Vrgl. unten.

[2] Wenn Thietmar seine Chronik erst 1012, nach dem Tode des Willigis, begann, so darf man nicht vergessen, dass er bereits seit 1009 Bischof von Merseburg war Bethm. in P. M. G. III, 727. Lappenberg, Einleitung zur Uebersetzung der Chronik Thietmars durch Laurent (Geschichtschreiber der deutschen Vorzeit) p. VI. Wattenbach Deutschlands Geschichtsquellen im Mittelalter p. 181.

Thietmar bei einer so bedeutenden Persönlichkeit dasselbe nicht übergangen haben würde, und dass bereits in jener Zeit die Sage sich seiner zu bemächtigen begann. Die Wunder bei seiner Geburt mochten wohl von den Landsleuten des Willigis erzählt worden sein, und Thietmar schrieb sie, ganz nach dem Geschmack seiner Zeit an Wundern, gläubig nieder. Wann Willigis geboren ist, lässt sich nicht einmal annähernd bestimmen, da hierzu jeglicher Anhalt fehlt. Bezeichnungen wie 'venerabilis' in den Urkunden beziehen sich mehr auf die Würde und man findet sie bereits in den ersten Jahren seines Archiepiskopats. Es würde auch gewagt sein, aus der Anrede in Gerberts Briefen: pater, o mi pater, ep. XXVII u. XXXIV Du Chesne vom Jahre 983, den Schluss ziehen zu wollen, dass Willigis damals bereits sehr bejahrt gewesen sei, wenn er auch bedeutend älter als Gerbert sein mochte, der um 950 geboren wurde. Wenn man bedenkt, dass Willigis 36 Jahre (von 975—1011) Erzbischof gewesen, dass er bis in die letzte Lebenszeit unausgesetzt eine unermüdliche Thätigkeit entwickelte, so dürfen wir wohl annehmen, dass er noch in dem rüstigsten Mannesalter stand, als er auf den erzbischöflichen Stuhl erhoben wurde, ähnlich wie Bruno, der Bruder Otto's I im Alter von 25 Jahren (er wurde 928 geboren) Erzbischof von Cöln wurde (Ruotger vita Brunonis c. 2 u. 11, Ranke Jahrb. I, 2, 21) und Gregor V ebenfalls noch als Jüngling sein Pontificat antrat. Es war damals eine Zeit, wo die Jugend bereits Thaten der Männer verrichtete, wo Otto II und Otto III schon als Knaben mit starker Hand die Zügel der Herrschaft führten. Auch wenn die Behauptung, dass Willigis vor seinem Kanzleramt Lehrer Otto's II gewesen sei, richtig wäre, so würde diess noch nichts beweisen, denn Bernward kommt z. B. 977 als Knabe auf die Schule zu Hildesheim, und zehn Jahre später erblicken wir ihn als Erzieher Otto's III. (Thangm. v. Bernw. 1 u. 2).

Als die Heimath des Willigis gilt allgemein Sachsen, obgleich man auch dafür keine gleichzeitigen Quellen anführen kann. Doch spricht einerseits für diese Annahme, dass Willigis Kanonikus in Hildesheim gewesen war, anderseits das Epitaphium des Willigis, welches Serrarius c. XVII uns aus einem alten Manuscript[1]) erhalten hat. Früher war dasselbe um den Thurm der von Willigis erbauten Stephanskirche zu Mainz geschrieben und ging zu Grunde, als die Kirche abbrannte, wurde aber durch Abschrift erhalten. In ihm heisst es am Anfang:

Saxoniae villae Stromingen filius ille,
Nomine Willgisus: Antistes tunc bene visus
Moguntinensis: et amicus Omnipotentis.
Qui rexit plane regnum satis imperiale.
De Schönburgque datus nobis Saxonia natus.
Strenuus et largus, humilis, iustus fuit Argus.
Stephanicum in monte templum facit hoc bene sponte.

---
[1]) Die Handschrift nennt selbst das Epitaphium „rusticum," und unmittelbar nach dem Tode des Willigis ist es, wenigstens in dieser Form, gewiss nicht abgefasst. Vielleicht gehört es der Zeit der Heiligsprechung des Willigis an. Auch Leibniz (annal. imp. III, 349) setzt es in spätere Zeit und fügt hinzu: positum (est), cum ossa loco moverentur, barbarorum, id est posteriorum temporum opus, seculi decimi quarti, opinor, aut decimi quinti quae apud Germanos longe infra decimi laudes fuere.

Jenes Stromingen¹) de Schoenburg wird von Joannes Anm. zu Serrar., von Leibniz (a. g. O.) als Schoninga oder Sconinga, das ist Schoeningen²) erklärt. Leibniz fügt hinzu, dass dies zuerst H. Meibom im chronicon S. Laurentii, dessen Kloster bei Schöningen liegt, ausgesprochen habe, dem dann Johannes Cletenius in sylloga rerum quotidianorum, Aromaeus und andere gefolgt seien. 'Ex Sconinga', fährt Leibniz fort, 'prava lectione Stromingam, lapsante memoria, per terminationem mutatam Sconborgam fecere, alii deinde ambo nomina coniunxere, credo, quod Schonburgios quosdam dynastas, hodie comites in Superiore Saxonia esse intellexissent, quorum in ditione Stromingam frustra quaeras. Sed ne quis de Sconinga dubitet, effecit Johannes Henricus Maderus, vir egregiae doctrinae, qui illic scolam rexit. Nam in rotulo bonorum ecclesiae vicinae haec verba reperit: „Praeterea mansi litonici in villa Scinningi, ubi natus Willigis episcopus."³)

Thietmars Erzählung, dass Willigis von geringer Herkunft sei, wurde in späterer Zeit, als

---

¹) Pfeffinger Vitriarius illustratus p. 1046: Tantaleon p. 2. der teutschen Helden p. 136: Willigisus ist in Sachsen, vom Hamaxurgo, einem Wagner und schlechten Mann, in dem Dorff Stromingen erbohren. Caspar Bruschius cap. 2. Episcoporum Germaniae in 34 Praesule Moguntino — Hapingius de iur. Insign. c. 6. part. 1. §. 2, p. 233, v. 28 legit Struvingen. Limnaeus lib. 3. iur. Publ. c. 4. §. 8, pag. 41. habet Struvingen, Stroungen vel Schoeningen etc.'

²) Schoeningen, Scienningen, Scienninge, Sceninge, Skeninga, Scheningen, Seaningen, Schaningen, Schaniggen, Schahaniugi, Scheyningh, jetzt eine Stadt im Herzogthum Braunschweig, an der Eisenbahn gelegen, die Helmstedt mit der Braunschweiger Bahn verbindet, wird schon in sehr früher Zeit erwähnt. Die Quedlinburger Annalen (P. M. G. III, 38 z. J. 784) nennen die villa Scheninghe in Sachsen (vrgl. auch Regino in s. Chronikon) Annalista Saxo P. M. G. VI, 561. Scaininge Einhardi ann. P. M. G. I, 136, 166, 167. Ekkeh. chronic. univers. P. M. G. VI, 159 Scahaniugi. Vrgl. auch Mader de sanct. Laur. dissertatio Helmstedt 1688. Nach spätern Sagen soll die Stadt von Heinrich I gegründet worden sein, der sie in Folge einer gegen die Ungarn gewonnenen Schlacht Scheyningk genannt habe (vrgl. Botho chron. Brunsvic bei Leib. scr. Brunsv. III, 305. Cuno memorabilia Scheningensia Braunschweig 1749, J. G Ballenstedt, Geschichte der Stadt Scheningen 1809. Heineccius antiqu. Goslar. p. 359. Schöningen war eine von den Ottonen öfter besuchte Pfalz. So hielt Otto III dort 995 im October grosse Hoflultung. Neben der Schwester Sophia von Gandersheim, seiner Tante, der Aebtissin Mathilde von Quedlinburg waren verschiedene Grosse zugegen, so Willigis von Mainz, Erzbischof Giseler von Magdeburg, Herzog Bernhard, wie aus einer Urkunde vom 26. October hervorgeht. Vrgl. Mader antiquit. Brunsvic. p. 205 Mittheilungen aus dem Gebiet historisch-antiquarischer Forschungen, herausgegeben vom thüringisch-sächsischen Verein V. p. 70. Schultes director. diplom., der aber statt Sceninge Sceuinge hat. Scheningen wird auch in zwei Urkunden Heinrichs III erwähnt: vom Jahre 1051 (origines Guelficae IV, 414) und vom 3. Juli 1057 (orig. Guelf. IV, 415).

³) Diese Meinung ist jetzt die vorherrschende und hat viel Wahrscheinlichkeit für sich, obgleich der Beweis nicht schlagend ist, da man nicht weiss, aus welcher Zeit jene Worte stammen. Auch Giesebrecht Geschichte der deutschen Kaiserzeit I, p. 589 schliesst sich ihr an, ebenso Werner der Dom von Mainz I, 495. Vrgl. auch sacri et canonici ordinis Praemonstratensis annales II, p. CCCXXIV. Cuno memor. Schening. p. 82 u. a. Wie auch schon Leibniz und Cuno aus ihrer Zeit berichten, so ist auch jetzt noch in Schöningen die Ueberlieferung, dass Willigis dort geboren sei, ja man zeigt vor dem Salzthor noch das Geburtshaus. Bis vor Kurzem wohnte ein Stellmacher dort, und Cuno berichtet, dass man früher an demselben ein angemaltes Rad mit einem Wagen gesehen habe, mit der Unterschrift: 'verbum Dñi manet in eternum Anno Dñi tausent fünf hundert und acht und sechzig.' Daraus macht nun Cuno einen Schluss auf den Stand des Vaters von Willigis. Doch hindert nichts, den Schluss umzukehren, da man gewiss auch dort die Sage von Willigisens Herkunft kannte

das sagenhafte und anekdotenartige sich immer mehr in die Geschichte früherer Perioden eindrängte und das historische wie Schlingpflanzen vollständig überwucherte und zu ersticken drohte, als an die Stelle wahrer Begebenheiten sich Mythen einnisteten, Lücken in dem Leben bedeutender Persönlichkeiten mit ganz willkührlichen Erdichtungen ausgefüllt[1]) wurden, ins Mass- und Sinnlose ausgeschmückt und mit stets neuen, ganz aus der Luft gegriffenen Zusätzen versehen. Ganze Lebensgeschichten dichtete man zusammen, wie die Geschichte des h. Dysibod lehrt, die von der Nonne Hildegard nach angeblichen Visionen aufgezeichnet wurde. (Wattenbach Deutschlands Geschichtsquellen im Mittelalter p. 27, vrgl. auch Waitz über die Entwickelung der teutschen Historiographie im Mittelalter in Schmidts Zeitschrift für Geschichtswissenschaft. 2. Band Theil IV, S. 97—112). So geht auch die ganze Erzählung vom Vater des Willigis und seinem Stande, und damit zusammenhängend von dem Ursprung des Rades im Mainzer Wappen nicht über das 13. Jahrhundert zurück. Als die Dominikaner zu schreiben anfingen, „um zu lehren, um Handbücher für ihre Disputationen und Vorrathskammern für ihre Predigten zu haben, wobei es ihnen nicht auf Urkunden, aber desto mehr auf allerlei Geschichtchen ankam, die sich gut anwenden liessen" (Wattenbach p. 423), da mochte diese Geschichte von Willigis ebenfalls aufgekommen sein, die ja manche gute Nutzanwendung zuliess. Nach den Erzählungen des dreizehnten Jahrhunderts also und die ganze spätere Zeit hindurch galt Willigis allgemein als der Sohn eines Wagenbauers, oder Stell- oder Rademachers, eines hamaxurgus, der, wie Serrarius hinzufügt, victus quotidiani causa rotas et plaustra conficere solebat.[2]) Nur Albericus in seinem chronicon macht diesen, wie Leibniz anführt (ann. 349) zu einem auriga „qui agit rotas, non qui facit."

---

[1]) Ganz besonders hat hierunter die Ottonenzeit leiden müssen. Haben Königin Adelheids allerdings wunderbare Lebensschicksale schon in ihres Freundes und Biographen Odilo, des Abtes von Cluny, epitaphium Adalheidae (P. M. G. p. 638 u. 639) und bei Hroswitha (gesta Oddonis I imperatoris P. M. G. III, p. 3 S-330) einen etwas legendenartigen Charakter, hat sich dies in späteren Quellen (chron. Novaliciense P. M. G. VII, 113, Bonizo de persecutione ecclesiae. Donnizo vita Mathildis Ducatricis, bei Leibn. script. rer. Brunsvic. I, p. 643 ff.) immer mehr gesteigert, so erscheint dies in noch höherm Grade bei den Kaisern. So z. B. Ottos II angeblicher Sieg über die Sarazenen, nach der Niederlage in Calabrien 982 den 13. Juli, weshalb er 'pallida mors Sarracenorum seu sanguinarius' später genannt wurde. (Sigfr. presbyt. bei Pistorius I, 1033, Martinus Fuldensis chronic. in Eccard. corp. hist. med. aevi I, p. 1674, magn. chronic. Belgic. bei Pist. III, 93, chron. Engelhus. ed. Mader 183 und viele andere.) Seine gegen die Sarazenen gewonnene Seeschlacht in der Lüneburger Chronik bei Eccard I, 1535: 'De Kaiser Otto vor wider si unde streit mit in an de schepen up dem Mere. Der Heiden ward also vile geslagen, dat sic dat mere von der Heidenen Blude varwede.' Vrgl. auch Botho chronic. Brunsvic. pictur. bei Leib. script. Brunsvic. III, 314, Corner chron. bei Eccard II, 545, die Geschichte vom Blutmahl in Gottfried von Viterbo Pist. II, 326 und andern. Bei Otto III die Sagen von seiner Erziehung, andere Ranke Jahrb. II, 2, 243. Das Mährchen von Conrad II und Heinrich III in Gotfr. von Viterbo Pist. II, 333, Martinus Minorita, Ecc. I, 1615. Hierher gehört auch die Geschichte vom Erzbischof Hatto und dem Mäusethurm. Vrgl. Grimms deutsche Sagen zweiten Theil.

[2]) Cuno memorab. Schening. führt dies noch weiter aus: 'Pater namque ipsius exstitit hamaxurgus, seu carpentarius, ein Wagener, Stell- oder Rademacher, qui, victum ut sibi suisque quaeritaret honeste quotidianum, Rotas atque Plaustra, Rhedas et huiusce modi alia instrumenta, usibus agricolarum inservientia fabricare solitus est.'

Wenn Schaten, Annal. Paderbornenses II, p. 243 Willigisens Vater Hamanurgus nennt, ein Name, der durch keine gleichzeitigen Zeugnisse beglaubigt ist, so ist dies offenbar nur eine spätere Namenbildung aus hamaxurgus, vielleicht in dem Bestreben, den Vorwurf der unedlen Abstammung von einem Wagenbauer dadurch von Willigis abzuweisen. Umgekehrt findet sich auch die Ansicht, dass der Vater Hamaxurgus „ein Wagner und schlechter Mann" geheissen habe (Pfeffinger Vitriar. illustr. p. 1046 s. oben.)

Dies vorausgesandt mögen nun die Hauptstellen, welche die Sagen von Willigisens Abkunft behandeln, folgen:

Zu einer der ältesten ist wohl die epitome Siffridi presbyteri Misnensis zu rechnen, die aus dem compendium historiarum des Siegfried Presbyter von Georg Fabricius angefertigt ist. Das Werk geht bis 1307, seine Zeit ist also das Ende des dreizehnten und Anfang des vierzehnten Jahrhunderts, während Schunck Beiträge zur Mainzer Geschichte Band I, p. 152 ihn unrichtig ins zwölfte setzt. In dieser epitome heisst es (bei Pistorius rerum Germanic. script. I, 1035) 'Tempore sancti Henrici imperatoris Willegisus, archiepiscopus Moguntinus vigebat.[1]) Iste, quia humilem progeniem habuit, et patrem, qui currus et bigas facere solebat, in thalamo ornatis et grandibus literis, haec scripta habebat: „Willegis, Willegis, recole unde veneris." Haec et in Teutonica lingua scripta erant. Appendebat etiam rotas, et huiusmodi instrumenta in pariete circumquaque, in quibus suam prosapiam recognoscebat. Adhuc usque habentur duae rotae quasi aratri in vexillo, et una in clypeo ecclesiae Moguntinae. Hic archiepiscopus in Moguntia maiorem ecclesiam, et sancti Albani ecclesiam construxit.'

Mit einigen Erweiterungen, doch sonst fast wörtlich übereinstimmend mit Siegfried Presbyter finden wir die Erzählung in der chronica S. Aegidii[2]) Leibn. script. Brunsvic. III, 582 und der gleichlautenden compilatio chronologica bei Pist. rer. Germ. script. I, p. 1090. 'Tempore huius imperatoris (Heinrich II) archiepiscopus fuit in Moguntia nomine Willigis. Iste quia humilem progeniem habuit, et patrem qui currus et bigas facere solebat, in thalamo ornato grossis literis scribi iussit, cuius ipse clavem reservans solus introire consuevit, et legere scripturam quae talis erat: Willigis, Willigis, recole unde venis. Haec in lingua Teutonica scripta erant. Appendebat etiam rotas et huiusmodi instrumenta in pariete circumcirca: quibus suam sapientiam et statum suae paupertatis intente (ut fertur) agnoscebat. Adhuc usque u. s. w.

In Beziehung zu Heinrich II gebracht erscheint die Sage in Martinus Minorita[3]): 'Fuit tunc in Moguntia Archi-Episcopus Wikinus cuius Pater currus et bigas facere consuevit. Igitur ad

---

[1]) Vrgl. Annales S. Pauli Virdunensis P. M. G. XVI, 500 a. J. 1002: regnavit Henricus. Hoc tempore viguit Willigis.

[2]) Wattenbach (Deutschlands Geschichtsquellen im Mittelalter p. 426) sagt von ihr, dass die Compilation eines thüringer Dominikaners bis z. J. 1261, welche sehr weit verbreitet war, in ihr versteckt sei.

[3]) Martini Minoritae flores temporum ab Hermanno Ianuensi continuati usque ad Carolum IV. Imp. bei Eccard. corpus historicum medii aevi I, p. 1616. Martinus lebte um 1290, denn bis dahin geht sein

parietes Oratorii sui rotas suspendit ubi causa humilitatis sic scripsit, „Willekys, Willekys gedencke wanne du kommen bist." Clavem huius solus Episcopus servabat, unde thesaurum ibi repositum putabatur habere donec Imperator intromissus fuerat. Ideoque adhuc in vexillo Moguntino duae rotae aratri sunt depictae.'

Dieser Erzählung des Minoriten, dass König Heinrich auf das Gerücht hin, dass Willigis in verschlossenem Gemach, zu dem Niemand der Zutritt gestattet sei, grosse Schätze müsste angehäuft haben, mit Gewalt den Eingang in dasselbe erzwungen habe, folgt nun eine ganze Reihe von Chronisten, die meistens fast mit denselben Worten die Geschichte des Willigis wiederholen. Zu diesen gehört Andreas Presbyter in chronica ducum Bavariae in vita S. Henrici (vrgl. Pfeffinger Vitr. illustr. p. 1046); ferner Johannes Chraus presbyter Ratisbonensis[1]) um 1459. Er hat nur geringe Abweichungen: 'Fuit illis temporibus (Heinrichs II) in Maguntia Archiepiscopus nomine Willichinus, totus pontifex humilis, cuius pater rusticus currus et bigas facere solebat. Hic igitur Episcopus ad parietes sui oratorii rotas suspendit, et iuxta rotas causam humilitatis sic scripsit: „Willigk, Williking, gedenk wan du kommen seyst." Clavem huius camerae sui oratorii rotas Episcopus semper servabat, ut nulli pateret ingressus; unde omnes thesaurum ibi positum esse putabant, quem tali diligentia celabat, donec Imperator Henricus semel ingressus fuit, et intromissus vidit rotas et scripturam. Unde ob hoc exordium sumsit, quod in vexillo Archiepiscopi Maguntini duae rotae aratri sunt depictae.'

Am ausführlichsten, mit allen Einzelnheiten, poetisch und rhetorisch ausgeschmückt giebt uns der gelehrte Abt Tritheim[2]) eine vollständige Lebensgeschichte des Willigis, in der freilich nur die Jahreszahl richtig ist. Er erzählt zum Jahre 975 (ann. Hirsaug. p. 119): 'Cui (Ruperto) Willegisus successit; vir per omnia magnificus, et Dei cultor maximus, qui multa bona fecit in omni tempore pontificatus sui: vita et conversatione apostolicus, et omni scientia scripturarum egregie doctus: Dei amicus, a Regibus et Principibus magnifice honoratus. Dilexit Clerum: Monachos honoravit: pauperum curam nunquam intermisit: in exhortando fuit alacer: in monendo dulcis et blandus, ei in corectione perversorum optima discretione severus, non crudelis. Qui de

---

Werk, das er flores temporum nannte. Interessant und bezeichnend für seinen geschichtlichen Standpunkt ist, was er in der Vorrede sagt: 'Virginis Mariae indignus sacrista Ego Martinus Ordinis fratrum Minorum, scire desiderans, quibus temporibus quilibet Sanctus vixerit super terram, diversas Chronicas et multas studiose perlegi; ex quibus omnibus ab initio seculi usque ad annum gratiae Millesim. CCXC mihi soli aliqua concerravi verbis puerilibus et numero algorismi. Cum ergo in praedicationibus dicerem populo: hodie tot anni sunt quod iste Sanctus migravit ad coelos, admirantes Fratres et Clerici pertinaciter exegerunt a me copiam exemplaris et numero usuali etc.'

[1]) Mader, der Excerpte aus ihm in den antiquit. Brunsvic. mittheilt, sagt: non Argentinensis Canonicus fuit (so nimmt Leibn. ann. p. 349 an) ut in prima horum Monumentorum editione legitur excusum sed presbyter Ratisponensis dioeceseos.' Die Erzählung steht p. 85.

[2]) Ioannis Trithemii Annales Hirsaugienses St. Gallen 1690. Er beendete sein Werk 1514. (Böhmer fontes rer. Germ. XXXII.)

humili parentela progenitus, patrem habuit fabrum lignarium, qui currus manu faciebat et carros, quos alio nomine bigas vulgariter nuncupamus, talique et se et suos artificio nutriebat. At Willigisus in sua pueritia positus ad scholas, cum esset pauper, stipem cum pauperibus more scholarium quaerebat et quantum sinebat aetas, in studio litterarum continuus fuit. Crevit cum tempore fervor et amor discendi, eoque successive profecit, ut inter doctos doctor ipse evaderet. Factus tandem Archiepiscopus, ut pristinae humilitatis memoriam semper posset habere in promptu, rotam carri unam in secreto cubiculo fecit in pariete depingi: ad cuius partem superiorem haec verba fuerunt litteris adscripta latinis: „Willegise memento, quid modo sis! quid antea fueris! et quid in brevi necessario futurus sis!" Per rotam generis sui humilem conditionem ad mentem sedulo cupiens revocare, quatenus solide in semetipso potuisset consistere. Hanc eius cameram praeter unicum Presbyterum Capellanum nemo permittebatur ingredi, quamdiu illum in hac vita mortali contigit remorari. Quo mortuo publicum factum est, et manifestum omnibus arcanum, quod Willegisus Archiepiscopus fecerat. Huius occasione facti sanctus Heinricus imperator Romanorum, ut ferunt, rotam pro singulari memoria Willegisi Moguntinensibus dedit in signum, quod retinent in armis usque in praesentem diem. Praefuit autem Willegisus in Archiepiscopatu annis sex et triginta.' Aus dem ganzen Wortschwall kann man auch hier den Kern der Sage herausschälen. Die Characteristik, die weitere Jugendgeschichte, die Erwähnung des Capellans sind freie Zugabe. Dass König Heinrich sich den Eingang in das verschlossene Gemach bei Lebzeiten des Willigis erzwungen habe, wird verschwiegen, dafür giebt er nach dem Tode des Willigis, als der Inhalt der camera bekannt wurde, zum ewigen Gedächtniss den Mainzern das Rad in ihr Wappen.

Etwas anders gestaltet sich die Sage bei Nicolaus von Siegen und in der Thüringischen Chronik des Adam Ursinus. Hier, vielleicht im Anschluss an Thietmars Bemerkung, dass manche gegen die Ernennung des Willigis zum Erzbischof waren wegen seiner geringen Geburt, werden ihm zum Spott Räder an die Wände seines Palastes angemalt, ihn an seine Herkunft zu erinnern. Willigis aber weiss seine Neider zu beschämen, er lässt sich nun selbst Räder anmalen und darunter den bekannten Spruch schreiben. Nicolaus von Siegen[1]) erzählt dies mit folgenden Worten: 'Wylligisus. Hic Willigisus fuit filius currificis et deo devotus. Fuit enim progenie humilis, quia pater suus rotas facere consuevit. Qua ex causa quidam emuli pontificis devoti eidem in derisum rotas sibi depinxerant, quasi dicerent, hic est vel fuit filius currificis, non de nobili genere progenitus. Quod vir humilis et deo gratus intelligens, fecit sibi in thalamo sive cubiculo suo depingere rotas pulchras atque ornatas et grossis literis circa rotas sic depingere fecit atque conscribi: „Willigis, Willigis, recole unde veneris." Et ideo frequencius, quando suam cameram intravit,

---

[1]) Chronicon ecclesiasticum Nicolai de Siegen O. S. B. Namens des Vereines für thüringische Geschichte und Alterthumskunde zum Ersten Mal herausgegeben von Dr. Franz Wegele; im zweiten Band der thüringischen Geschichtsquellen p. 204. Die Abfassung dieser Chronik hat Nicolaus von Siegen allem Anschein nach erst mit dem Jahr 1494 begonnen; und schon 1495 stirbt er zu Erfurt an der Pest. (Wegele X.)

ad seipsum dixit: „Willigis, Willigis, dedenke vo fan de kommen bist;" id est de qua progenie. Unde mos inolevit, et inde evenit, quod ecclesia Sancta Moguntina in armis suis rotam portat, similiter in clipeo atque banuerio. Et sic evenit, quod emuli fecerunt viro probo humili et sancto in confusionem, cessit sibi in perpetuum honorem; nam re vera iuxta veritatis sentenciam, qui se humiliat, exaltabitur. Erfordia, que se scribit et nominat dilectam et quodammodo unicam filiam sancte matris Moguntine ecclesie, similiter rotam portat in armis et inprimit in denariis suis.'

Die Thüringische Chronik[1]) endlich führt auch die Farben des Wappens auf Willigis zurück: 'Da man zcalt nach Christj geburt 1009, da wart eines wagners Sohn, der hiess Wylliges, ein frommer wolgelartter Mann, gekorn zu eynem Bischoffe zu Mentz. Als begundten Ihn die Edeln Thumhern und die andern des Stiffts Manne zu schmehen und hassen, und maleten Ihm yan sein pallast weysse reder mit kreyden. Und als Ehr den spott gesahe, da liess Ehr eynen gueten Maler yan alle seyne gemach mitt kostlicher farbe mahlen weysse reder auff rothe wende. Und darmitt verlegete Ehr Ihren spott, und liess darbey schreyben diesen Reim: „Wylliges gedenk von wannen du kommen bist" etc. Also kam es das nach Ihme die Bischoffe zu Mentz alle liessen weysse reder yun einem rothen felde mahlen. Dieser Bischoff bauete Sanct Albanskirchen uber Mentz.'[2])

Diese Erzählung nun von Willigisens Abkunft und dem Ursprung des Mainzer Rades wurde bis ins siebzehnte und achtzehnte Jahrhundert hinein geglaubt und ohne Ausdruck des Misstrauens in die Geschichte aufgenommen. Dabei verwirrte sich z. B. bei Hermann Corner (chronica novella usque ad annum 1435 deducta bei Eccard II p. 566) die Zeitrechnung in wonderbarer Weise. Auch Johannes Latomus nimmt die Sage auf in seinem catalogus Episcoporum et Archiepiscoporum Moguntinensium usque ad annum 1582 bei Mencken III, 477. Er nennt Willigis einen Saxo a Schoenecks nach dem oben angeführten Epitaphium, dessen ersten Vers er aber nicht zu kennen scheint. Von andern nenne ich nur noch die Limburger Chronik.[3]) Schon vorsichtiger sagt Spener in oper. Herald.: 'monnmentum hoc Willigisi esse volunt' und Leibnis in den Annalen verwirft die Sage ganz.[4])

Vergleicht man die mitgetheilten Stellen mit einander, so sieht man sofort den gemeinschaftlichen Ursprung trotz der Schattirungen in der Erzählung selbst. Der Kern derselben ist offen-

---

[1]) Adami Ursini, Molybergensis, chronic. Thuringiae vernaculum usque ad annum MCCCCC cum appendicibus de Erfurto et Nordhusa absolutum anno 1547. Bei Mencken scriptores rerum Germanicarum III, p. 1252.

[2]) Vrgl. die Erzählung in den deutschen Sagen, herausgegeben von den Brüdern Grimm. 2. Theil. Berlin 1818 p. 163.

[3]) „Da auch Willigisus ein Radt zur Erinnerungk seiner Herkumbst und Geschlegts hatt erhoben und gewurdiget, dass er nuhn hinfuhro nit allein in den Pannieren, sondern auch uff der Muntz und zum Signet oder Sigelung in höchsten Ehren gehalten wird." (Aus Hontheim hist. Trev. diplom. p. 1056.) Die Chronik geht von 909 bis 1610.

[4]) Ann. p. 350. Initia rotae suae facile Moguntini invenient, cum inquirere volent, et de causa aliquid verisimillus proferent.

bar in der Erklärung von der Entstehung des Rades im Mainzer Wappen zu suchen. Da aber die erblichen Wappen als Geschlechtsbezeichnung erst in die Zeit nach den Kreuzzügen fallen und zu Siegeln nicht vor dem zwölften Jahrhundert gebraucht werden,[1]) so kann die Sage erst nach dieser Zeit entstanden sein, mag sie nun mit der Entstehung dieses Rades aufgewachsen, oder was wir bereits als nähere Vermuthung ausgesprochen, von einem Geistlichen (Dominikaner) des dreizehnten Jahrhunderts erfunden worden sein. Die Veranlassung, die ganze Geschichte zu erdichten, mag die Angabe Thietmars von der niedrigen Geburt des Willigis gegeben haben. Da man die eigentliche Bedeutung des Zeichens, das ursprünglich ein Doppelkreuz,[2]) umgeben von einem Heiligenschein, gewesen sein soll, nicht mehr verstand, so artete es allmählich in ein Rad aus, und zu dessen Erklärung griff man zu dem zurück, der in so wunderbarer Weise aus geringem Stande aufgestiegen war. Noch auf die Unhaltbarkeit dieses Zugs in der Fabel, dass Heinrich II, Schätze in dem verschlossenen Zimmer vermuthend, die Oeffnung desselben erzwungen habe, (was übrigens an ein bekanntes orientalisches Märchen erinnert) hinzuweisen, wird kaum nöthig sein.

Ueber das frühere Leben des Willigis ist ebenfalls wenig oder nichts bekannt, wenn auch Tritheim eine bereits angeführte ausführliche Schilderung giebt, wie er in seiner Jugend in die Schule gesandt worden sei und wegen seiner Armuth mit andern Armen um milde Gaben habe betteln müssen, wie er dabei nach Kräften gearbeitet habe und zugenommen an Wissbegierde und an Wissen, „so dass er unter den Gelehrten selbst ein Gelehrter wurde." Seine Persönlichkeit, sein ganzes späteres Wirken weisen allerdings auf eine ungewöhnliche Begabung hin, die wohl die Eltern veranlasste, ihn dem geistlichen Stande zu widmen. So mochten seine Fähigkeiten auch den nachherigen Bischof von Meissen, Fulcold (Wolcoldus, Vocco), neben Ekkehard von St. Gallen und dem Grafen Hooto als Erzieher des jungen Otto II genannt, auf ihn aufmerksam gemacht haben. Derselbe nahm sich mit der Liebe eines Vaters seiner an, und er darf wohl als der eigentliche Begründer seiner ganzen Zukunft angesehen werden.

Wir finden Willigis später als Canonicus zu Hildesheim (Chron. Hildesh. P. M. G. VII, 847). Dort, wo in der zweiten Hälfte des zehnten Jahrhunderts mit Bischof Otwin (954—984), vorher

---

[1]) Ferd. Walter deutsche Rechtsgeschichte (Bonn 1853) p. 480. Eichhorn deutsche Staats- und Rechtsgeschichte (Göttingen 1819) II, p. 470 ff

[2]) Ueber die Entstehung des Mainzer Rades vrgl. de rota S. Moguntinae sedis insigni dissertatio autore Ioanne Sebastiano Severo in Schunks Beiträgen zur mainzer Geschichte I, p. 146—168. Er suchte zu beweisen, dass das Kurmainzische Wappen, ein weisses Rad in rothem Felde, nicht von Willigis, sondern aus einem in Mainzer Sigillen gebräuchlichen Kreuse herstamme. Auch Christ. Friedr. Airmannus de rota Moguntini Archiepiscopatus insigni, Giessae 1745 ist dieser Ansicht, dass das Rad lange nach Willigis erst aufkam und die ganze Geschichte eine Fabel ist. Nach Guden cod. dipl. I, 879 kommt das Mainzer Rad zuerst in einer Urkunde des Erzbischof Gerhard II (v. 1288—1305) vom Jahre 1294 vor. „Est hic Gerhardus omnium Electorum primus, qui eam in medium produxit." Vrgl. noch Leibn. a. g. O., Werner der Dom von Mainz I, 510.

[3]) Thietm. IV. 5 (P. M. G. III, 769) Hunc (Willigisum) pro filio nutrit.

Abt des Mauritiusstiftes zu Magdeburg (Chron. Hildesh. c. 10. Ann. Hildesh. z. J. 954) für die Schule eine neue Aera angebrochen war, hatte er Gelegenheit gehabt, sich ausgebreitete Kenntnisse zu erwerben, so dass Volcold, als er auf den Bischofssitz nach Meissen berufen wurde, ihn seinem Zögling Otto II warm empfehlen konnte.[1]) Es war ums Jahr 970[2]), als Willigis an den kaiserlichen Hof berufen wurde, aber schwerlich als Erzieher und Lehrer[3]) Ottos II. Denn dieser, obgleich erst fünfzehn Jahre alt, war damals schon Theilnehmer an den Reichsgeschäften, nachdem ihn Pabst Johann XIII am Weihnachtsfest 967 (Widukind III, 67, P. M. G. III, 465) zum Kaiser gekrönt hatte, und der Vater dachte bereits daran, ihn zu vermählen. Seine eigentliche Erziehung und Bildung darf man also in jener Zeit als vollendet ansehen. Wir müssen deshalb annehmen, dass der Kaiser Willigis auf die Empfehlung Volcolds und die Fürsprache des jungen Otto in seine Capelle aufnahm, die, durch Ottos I Bruder Brun[4]) neu organisirt, die begabtesten Geistlichen in sich vereinigte. Sie bildeten den Rath des Kaisers, und aus ihr gingen dann die geistlichen Würdenträger hervor, die, erfüllt von ächter Frömmigkeit, mit tüchtigem Wissen ausgerüstet, praktisch durchgebildet, grossen Berufseifer und vor allem unerschütterliche Treue und Ergebenheit gegen das sächsische Königshaus in ihre Diöcesen mitnahmen. Es durchwehte sie ein nationales Bewusstsein, das sie auch gegen zu grosse Abhängigkeit von Rom bewahrte. Wenn auch Willigis nicht mehr Schüler des 965 gestorbenen Brun gewesen ist, so war die Capelle doch noch von seinem Geist erfüllt, und dass auch er ihn in sich aufgenommen habe, zeigt sein späteres

---

[1]) Hunc (Willigisum) cum ad eoas ordinaretur regiones, secundo Ottoni, cui magisterio praefuit, diligenter vice sui habendum commendavit. Thietm. a. g. O.

[2]) Volcold starb 993 (Wachter in Ersch und Gruber Encykl. I Sekt. 46. Theil p. 12) chron. Citizense bei Pist. I, 1135) den 23. Aug., nachdem er 23 Jahre den Bischofssitz inne gehabt ('sedebat 23 annos' Thietm.), er muss also 970 Bischof v. Meissen geworden sein, nachdem sein Vorgänger Burchard, der erste Bischof, den der neue Erzbischof v. Magdeburg Adalbert am Weihnachtsfest 968 (Thietm. II, 14 P. M. G. 750, vrgl. auch Pertz Legg. II, 560) geweiht hatte, sehr bald gestorben war. So kam Willigis jedenfalls nach 968 und vor 971 an den Hof, da wir aus diesem Jahr die erste von Willigis als Kanzler unterschriebene Urkunde besitzen. 972 aber erscheint Volcold unter dem Namen Focco als Bischof von Meissen in einer Urkunde vom 17. September. S. unten.

[3]) So fasste es Leibniz auf, wenn er in Bezug auf die oben angeführte Stelle sagt: 'puero Ottonis magisterio praefuisse indicat Thietmarus.' (Ann. III, 349.) Aber er lässt auch durch einen seltsamen Irrthum Volcold von Willigis zum Meissner Bisthum empfohlen werden (Ann. III, 354). Auch Laurent übersetzt: „denn er hatte denselben wie einen Sohn erzogen und ihn, als er für die östlichen Länder zum Bischof geweiht wurde, eifrig zu seinem Nachfolger empfohlen." Das diligenter vice sui habendum commendavit bedeutet wohl nichts weiter, als: er empfahl Otto II den Willigis zu halten wie ihn selbst d. h. ihm eben so viel Achtung und Vertrauen zu beweisen.

[4]) Vrgl. Ruotgeri vita Brunonis c. 37 (P. M. G. 269). Vortrefflich hat dies dargestellt Giesebrecht Geschichte der deutschen Kaiserzeit I 309 ff. Es wird ausdrücklich eine Reihe von Bischöfen als Zöglinge und Genossen Bruns bezeichnet, wie Theoderich, seit 962 Bischof von Metz (Sigeberti Gemblacensis vita Deoderici episc. Mettens. 2 u. 3 P. M. G. IV, 464 und 465), Heinrich, Erzbischof von Trier, nach ihm Egbert, Bruns Neffe Wilhelm, seit 954 Erzbischof von Mainz (vita Brun. 38), Gerard von Toul und Wigfried von Verdun. Vrgl. auch Dönniges in Ranke Jahrb. des deutschen Reichs I, 3, 68 und denselben: das deutsche Reich und die deutsche Reichsverfassung I, 422.

Wirken. Ein schöner Zug von Willigis ist die dankbare Gesinnung, die er seinem ersten Wohlthäter bewahrte. Als nämlich im Jahre 984 Boleslaw von Böhmen durch List sich Meissens bemächtigt hatte, vertrieb er, durch den wankelmüthigen Pöbel angereizt, den ehrwürdigen Bischof Volcold aus der Stadt. Dieser begab sich hierauf zu seinem frühern Schützling, ward freundlich von ihm aufgenommen, und in Erfurt, wo er zu wohnen wünschte, aufs beste verpflegt, bis er, nachdem Boleslaw Meissen wieder geräumt, dahin zurückkehren konnte.[1]

Wenn Willigis nicht sofort als Kanzler eintrat, so ist er es jedenfalls sehr bald geworden, nachdem er bei den Kaisern, die damals in Italien weilten, eingetroffen war. Otto ersetzte damals fast zu gleicher Zeit seine beiden Kanzler durch neue. Der eine, Ambrosius, der die Urkunden für Italien ausstellte und an Stelle des Erzkanzlers Hubert, Bischofs von Parma, unterzeichnete, war Bischof von Bergamo geworden, und an seiner Stelle trat Petrus ein, dessen erste Urkunde vom 1. März 971 datirt. Der andere für die deutschen Angelegenheiten, Lindgar, wurde durch Willigis ersetzt. Erzkanzler des deutschen Reichs waren seit Wilhelm, dem Sohne Ottos I, die Erzbischöfe von Mainz. Auf Wilhelm war 958 Hatto und auf ihn 970 Ruotbert gefolgt. In dessen Namen nun unterschrieb Willigis die Urkunden.[2] Es war ein sehr wichtiges Amt und beweist das grosse Vertrauen, das sich Willigis sehr bald erworben haben muss. Der Kanzler war vermöge seiner Stellung an die Person des Königs gefesselt, sein Rath war oft von entscheidendem Einfluss auf die Entschlüsse des Fürsten, was sich in besonders hervorragender Weise in den Urkunden Hildebalds zeigt, der unter Otto II 977 Kanzler geworden, dieses Amt selbst nach seiner Ernennung zum Bischof von Worms 979 fortführte — allerdings gegen die Regel. Er erscheint als einer der vertrautesten Rathgeber Ottos II und der Theophano. Willigisens Ernennung fiel in das Ende des Jahres 970 oder den Anfang von 971; denn die letzte von Lindgar unterzeichnete mir bekannte Urkunde ist datirt vom 3. August 970 'Luidgerus ad vicem Roperti' (Leibn. ann. 285) und die erste darauf folgende, die Deutschland betrifft, am 1. December 971 in Ravenna[3] ausgestellt, ist bereits von Willigis unterzeichnet (Willigisus ad vicem Ratberti, vrgl. Sagittarius I, 154). Sie betrifft die Schenkung des Gutes Koteritz an den heiligen Moritz zu Magdeburg. Bis zum Jahr 975 ist nun Willigis als der beständige Begleiter der Kaiser anzusehen. Alle Urkunden für Deutschland sind von ihm ausgestellt und unterzeichnet. Sein Name

---

[1] Thietm. a. g. O. 'Hoc (die Empfehlung an Otto II) semper iste (Willigis) in animo tenuit, ac maximo honore cognovit, et tunc adprime, cum sibi fuit necesse; et in Erpesfordi, quo ipse desideravit, procurari eundem sumopere iubet. Ibi diu conversatus, post mortem Riedagi marchionis incliti (985 nach den ann. Quedlinb.) Ekkihardo succedente et Bolizlavo ad propria remeante, sedem propriam revisit.' Vrgl. Ann. Saxo P. M. G. VI, 633.

[2] Ueber die Kanzler und Erzkanzler unter den Ottonen, vrgl. Ranke Jahrb. des deutschen Reichs I, 2, 96 ff. I, 3, 225 ff. II, 1, 111 ff.

[3] Bei Böhmer: Regesta chronologico-diplomatica regum atque imperatorum Romanorum inde a Conrado I usque ad Heinricum VII, Frankfurt am Main 1831, No. 381. Die erste Urkunde des Petrus ist vom 1. März 971 (Böhmer 380).

ist in ihnen, wie schon erwähnt, auf die verschiedenste Weise geschrieben. Auch die Art der Unterschrift selbst ist mannigfach variirt.¹) Die zweite von Willigis unterschriebene Urkunde verdient unsere nähere Aufmerksamkeit. Es ist die in Rom am 14. April 972 ausgestellte mit Goldbuchstaben auf Purperpergament geschriebene Prachturkunde,²) worin Otto seiner jungen Gemahlin, der griechischen Kaisertochter Theophano am Tage der Vermählung bedeutende Schenkungen

---

¹) Willigisus (Willicus, Quillissius, Wilgisus) cancellarius vice oder ad vicem Ruotperti (Ruodberti Ratperti) recognovi, notavi, subscripsi, subnotavi; öfter nennt er sich auch statt cancellarius notarius, z. B. in der Urkunde vom 17. September 972 (Möser Osnab. Gesch. IV, 27), vom 7. October desselben Jahres (Harenberg hist. eccl. Ganderah. 621), ebenso vom 18. Oct. (Mon. Boic. XXVIII, 192), vom 5. Juni 973 (Sagitt. I, 163) und vom 27. Juni (Leib. ann. 331, Mon. Boic. XXXI, 219), vom 22. October (Schannat tradit. Fuldens. 241) desselben Jahres. Ein besonderer Unterschied zwischen Cancellarius und notarius scheint hier nicht stattgefunden zu haben. Beides bedeutet wohl hier dasselbe, ähnlich wie wir in den Urkunden für den Erzkanzler die Namen archicapellanus, archiepiscopus, archicancellarius finden. Ersteres z. B. Höfer Zeitschrift für Archivwissenschaft I, 151, 153, 160, 161, 511, II, 134, 144, 146 und 147; archiepiscopus Höfer I, 523. Mon. Boic. XXVIII, 249, 250 ff., archicancellarius Orig. Guelf. IV, 477 und öfter. Waitz, deutsche Verfassungsgeschichte II, 392 macht für die Merovinger Zeit allerdings einen Unterschied zwischen notarius und cancellarius, indem der letztere Namen „vielleicht auch auf den Vorsteher des Departements Anwendung fand." Walter, deutsche Rechtsgeschichte 257 fasst das Verhältniss auch für die Ottonenzeit so auf: „Den laufenden Kanzleidienst besorgten jedoch die Erzkanzler nicht, sondern dazu diente in Deutschland der Kanzler mit einem Protonotarius und den übrigen Notarien."

²) Die Urkunde ist erhalten, das Original befindet sich in Wolfenbüttel. Sie ist in Leib. orig. Guelf. IV, 461 im Facsimile mitgetheilt (vgl. auch Harenb. 84, wo aber die Urkunde zum Theil unrichtig verstanden ist); der Anfang lautet so: In nomine sancte et individue trinitatis. Otto divina favente clementia imperator Augustus. Creator et institutor omnium ab aeterno deus quecunque sunt rerum primordialibus iuitio nascentis mundi in perfecta elegantia editis naturis hominem simul qui cunctis a se creatis praecesset et dominaretur. ad imaginem et similitudinem suam artifex summe bonus concedere voluit. Quem solum manere cum nollet. ut in multiplicem propaginem perpetuo duratura posteritas. ordini angeleo ob superbiam imminuto reparando sufficeret. adiutorium coniugale eidem homini costa corporis eius detracta. fabricatus est. deoque in carne sua deinceps esse mirabili providentia ordinavit. lege sanctissima patrem et matrem relinquendos. et adherendum uxori sue decernens. Ad hoc ipse utriusque testamenti institutor mediator dei et hominum dominus IHC XPC (Jesus Christus) in humana carne adveniens ipse ex immaculato virginis utero tanquam sponsus egressus de thalamo ad coniungendam sibi sponsam aecclesiam. ut ostenderet bonas et sanctas esse nuptias legitima institutione celebratas. seque auctorem esse earum. ad eas venire. et primo maiestatis sue miraculo eas letificare dum aquam vertit in vinum. voluit et significare. Edicto denique proprio a deo factas esse nuptias ostendens. in evangelio dicit. quod deus coniunxit. homo non separet. Apostolica item sententia. honorabile conubium et thorus immaculatus. Pluribus quoque sanctorum librorum firmatur testimoniis ut nuptialis foederis conexio deo auctore fieri debeat. et ad procreandam subolem mutus et indissolubili dilectione persistat. Unde et ego Otto superno numine Imperator augustus u. s. w. Der Schluss heisst dann: Quod ut verius credatur. diligentiusque in tempora futura servetur. manu propria roborari et anuli nostri impressione subter iussimus insigniri.

         Signum invictissimorum domni Ottonis magni et pacifici
         Item signum domni Ottonis perenniter Augustorum
         Uuillisus cancellarius ad vicem Ruotperti archicapellani recognovi.

Data XVIII Kal. mai. Anno dominice incarnationis DCCCCLXXII. Indictione XV. Imperii sanctissimi genitoris nostri Ottonis XI. nostri vero V. actum rome ad sanctos apostolos feliciter.

Ueber den Aufenthalt in Rom und die Ankunft der Theophano vrgl. Widukind. res gestae Saxonicae III, 74 P. M. G. III, 465. Thietm. chron. II, 9. P. M. G. 748. Ann. Saxo z. J. 972 P. M. G. VI, 624. Ann. Hildesh., Weissemburg. et Lamberti ann. z. J. 972 P. M. G. III, 62 und 63.

macht: in Italien die Provinz Istrien mit der Grafschaft Pescara, in Deutschland die Provinzen Walchern (Walacra) und Wicheln (Wigle), mit der Abtei Nivelle, wozu 14000 Mansen gehörten; dann die Kaiserhöfe Boppard (Bochbarda) am Rhein, Thiel an der Waal, Herford in Westfalen, Tilleda (Dullede) am Kyffhäuser, und Nordhausen (Norduse) — dieselben Höfe, die einst die Grossmutter Mathilde erhalten hatte ('eo quod aviae nostrae domnae Machtildis semper semperque Augustae quoad sibi divinitus vixisse dabatur fuisse dinoscitur').

So war also Willigis beschieden, der fremden Fürstin schon am ersten Tage, an welchem sie ihr Geschick für immer an das sächsische Kaiserhaus fesseln sollte, sich mit seinem Dienste nahen zu dürfen, ihr durch die Besitzesurkunde gleichsam festen Grund und Boden in der neuen Heimath zu verschaffen. Vielleicht dass schon damals ihr scharfer klarer Geist die Tüchtigkeit des Mannes erkannte, der später in schweren Zeiten ihre einzige Stütze sein sollte. Ihre mächtige Gunst hat sie ihm im entscheidenden Augenblick bewiesen. Willigis verweilte, nachdem man Rom verlassen, im Verlauf des Sommers mit den Kaisern in Pavia (Böhmer 390) und ging von da mit ihnen nach Constanz und St. Gallen, wo er bis Ende August blieb und Urkunden theils für Otto I in Constanz (B. 391—393), theils für Otto II in St. Gallen und Reichenau (B. 422 bis 424) ausstellte. Im September begab er sich mit ihnen nach Ingelheim, wohin der Kaiser in Uebereinstimmung mit dem Pabst eine grosse Synode berufen hatte. Es waren alle deutschen Erzbischöfe, viele Bischöfe und Aebte und eine grosse Zahl weltlicher Fürsten und Herren erschienen. Dies geht aus einer Urkunde vom 17. September hervor, die einen Streit des Bischofs Liudolf von Osnabrück mit dem Abt von Corvey und der Aebtissin von Herford beilegend, alle Versammelten aufzählt: 'Huic vero Synodo interfuerunt: Ruodbertus Mogontiensis Archiepiscopus et sui suffraganei. Outhalricus Augustensis, Poppo Worceburgensis, Anno Wormatiensis, Erkanbaldus Argentinensis, Otwinus Hildinesheimensis, Reginoldus Rabulocensis (Eichstedt), Bruno Verdonensis, Baltherius Nemetensis (Speier), Gero Coloniensis Archiepiscopus cum suis Suffraganeis, Notkero Laodicense, Liudolfo Osnabruggense, Duodone Mimigardefordense (Münster), Thiedricus Treverensis Archiepiscopus et sui Suffraganei, Theodricus Metensis, Wigfrithus Wirdunensis, Gerhardus Tolensis, Fredericus Juvanensis Archiepiscopus. Athaldagus Hammanburgensis Archiepiscopus Athalbertus Magdaburgensis Archiepiscopus cum suis Suffraganeis, Fokkone Misnense, Gisalherio Merseburgense, Multique alii nostri regni Principes, Duces, Comites, Clerici et Laici, quorum nomina et numerus comprehendi non possunt etc.'

Willigisus Notarius vice Ruodberti Archicapellani subscripsi.[1]

Den Herbst und Winter blieb der kaiserliche Hof in Westdeutschland: zuerst in Tribur (Urkunde vom 7. October B. 395), dann in Nierstein (B. 396), besonders in Frankfurt, wo er auch das Weihnachtsfest feierte (Urkunden vom 1. und 27. December B. 397 und 398). Im Früh-

---

[1] Möser Osnabrückische Geschichte, herausgegeben von Abeken IV, 27. Vrgl. auch Gerhardi vita S. Udalrici Ep. 23 (P. M. G. IV, 405) 'Postea vero revertentibus de Italia imperatoribus, patre scilicet et eius proli, ad Franciam, facta est Synodus in loco qui dicitur Ingelunheim.'

jahr 973 wandte sich Otto nach Magdeburg, dem von ihm neugestifteten Erzbisthum, und beging dort aufs feierlichste Palmsonntag (Urkunde vom 15. März B. 399). Das Osterfest verlebte er in Quedlinburg. Dahin eilten aus allen Gegenden Deutschlands die Völker und Gesandten von vielen Orten.[1]) Im April finden wir ihn in Merseburg, wo er auch am 1. Mai das Himmelfahrtsfest feiert.[2]) Hier stellt Willigis drei Urkunden aus am 27. April (B. 401—403, Mon. Boic. XXVIII, 196, 197, 199). Auch dahin kommt wieder eine stattliche Versammlung, besonders ausgezeichnet durch eine Gesandtschaft der Sarazenen. Ohne Zweifel begleitete Willigis seinen Herrn auch auf seinem letzten Lebenswege nach Memleben und war zugegen bei seinem am 7. Mai 973 (Ann. necrol. Fuldens. maior. Böhm. font. rer. Germ. III, 157) erfolgten Tode. Den andern Morgen bereits wurde dem jungen Kaiser von dem Volke durch Handschlag gehuldigt, und in den ersten Tagen des Juni die Leiche Ottos des Grossen in der Moritzkirche zu Magdeburg an der Seite Edithas beigesetzt. (Widuk. III 76 Thietm. II, 27 und 28 Ann. Hildesh.)

In Willigisens Stellung ändert sich äusserlich nichts durch diesen Tod. Er dient dem Sohne ebenso als Kanzler, wie er dem Vater gedient hatte. Aber sein Einfluss auf Otto II und seine Gemahlin ist ohne Zweifel rasch gewachsen. Mit ihnen durchzog er das ganze Reich, wie zahlreiche Urkunden beweisen.[3]) Nachdem Otto II dem geschiedenen Vater die letzte Ehre erwiesen, begab er sich über Werla nach Worms. Dort hielt er grossen Hoftag, wozu viele Grossen eilten. Eine Reihe von Urkunden (B. 433—441): Bestätigung früherer Schenkungen, Bekräftigung neuer sind aus jener Zeit erhalten. Ueber Tribur ging dann Otto nach Achen, auch dort längere Zeit verweilend (B. 450 und 451), kehrte über Trier (B. 449) und Frankfurt (B. 450 und 451) nach Magdeburg zurück, hielt sich im October und November auf seinen sächsischen und thüringischen Pfalzen auf, und wandte sich hierauf nach Holland, wo er das Weihnachtsfest verlebte. (Urkunde aus Nimwegen B. 464.) Nachdem der Kaiser zu Anfang des Jahres 974 in Lothringen gegen die Söhne des Grafen Reginar: Reginar und Lambert glücklich gekämpft (gest. ep. Camer. 95, P. 440) finden wir ihn vom 1. April ab in Quedlinburg (B. 461 und 464—467) und am Ende des Monats zu Mühlhausen. Die dort ausgestellte Urkunde enthält eine bedeutende Schenkung an seine Gemahlin (Harenb. hist. Gand. 621, B. 468). Während des Frühlings und Sommers ist der Aufenthalt Ottos auf den Pfalzen zu Tilleda, Quedlinburg, Merseburg, Grona, Pöhlda, Altstädt,

---

[1]) Vrgl. die schöne Schilderung über beide Aufenthalte bei Thietm. II, 20, über den Aufenthalt in Quedlinburg auch Widuk. III, 75 (M. G. III, 466. Ann. Hildesh. und Lamberti ann. z. J. 973. 'Illuc (Quedlinburg) venerunt legati plurimarum gentium, id est Romanorum, Graecorum, Beneventorum, Italorum, Ungariorum, Danorum, Sclavorum, Bulgariorum, atque Ruscorum cum magnis muneribus.'

[2]) Widuk. a. g. O. Thietm. II, 27.

[3]) Ich folge hierbei der vielfach von Böhmer abweichenden Ordnung, wie sie W. Giesebrecht in Ranke Jahrb. II, I. 116 ff. aufgestellt, da grade die Urkunden Ottos an bedeutenden chronologischen Unrichtigkeiten leiden.

Kirchberg, Magdeburg, Memleben,[1]) Arvita, Frosa, im September in Altstädt, Erfurt und Botfeld. Ernste Verwicklungen entspannen sich damals mit Ottos Vetter Herzog Heinrich von Baiern. Dieses mächtigste der deutschen Herzogthümer hatte Otto I seinem Bruder Heinrich übertragen, der mit Judith, der Tochter des Baiernherzogs Arnulf vermählt war. Nach seinem frühen Tode (1. November 955) folgt sein Sohn Heinrich II in Baiern. Da dieser noch ein Kind war, führte seine Mutter die Regentschaft. Durch ihre Tochter Hedwig, die den alten Herzog Burchard II von Schwaben heirathete, übte sie auch grossen Einfluss auf dieses Herzogthum aus. Heinrich II, später der Zänker genannt, wurde, nachdem er erwachsen, Gemahl der Gisela, einer Nichte Adelheids und suchte nach Ottos des Grossen Tod auf alle Weise seine Macht zu vergrössern. Dadurch erregte er die Besorgniss des Kaisers, der deshalb den Tod Burchards (12. November 973) benutzte, Schwaben an seinen Freund und Neffen Otto, seines unglücklichen Bruders Liudolf Sohn, der mit ihm erzogen worden war, zu verleihen. (Hermanni Augiensis chron. z. J. 973 P. M. G. V, 116.) Hedwig behielt nur die Erbgüter ihres Gemahls am Bodensee. Es dauerte nicht lange, so entspann sich der Hader, der einst Liudolf und Heinrich I getrennt hatte, aufs neue zwischen den Söhnen. Da zugleich Berchthold von Babenberg, dessen Besitzungen im Herzogthum Baiern lagen, vom Kaiser offen begünstigt, sich trotzig gegen Heinrich benahm, so sann dieser, noch mehr gereizt durch die Belehnung von Berchtholds Bruder Liutpold mit der Ostmark, auf Verrath. In Verbindung mit Bischof Abraham von Freising, dem vertrauten Rath der Herzogin Hedwig, und nachdem Boleslaw von Böhmen und dessen Schwager Mieczislaw von Polen Beistand versprochen, machte er eine Verschwörung gegen Otto. Dieser aber, zeitig benachrichtigt, liess Heinrich und Abraham zu einem Fürstentag bescheiden, dort verhaften und den Herzog in Ingel-

---

[1]) Eine Urkunde Ottos II, die am 13. August dieses Jahres in Memleben ausgestellt wurde (Höfer Zeitschrift für Archivw. I, 151) und die Freilassung eines Hörigen betrifft, verdient wegen des Gegenstandes Erwähnung. Sie lautet mit den Ergänzungen im schadhaften Original: In nomine sanctae et individuae trinitatis Otto dei gratia imperator augustus. Noverint omnes fideles presentes scilicet et futuri, qualiter nobilis quidam erib N. tradidit nobis quendam sui iuris servum burgulach nuncupatum, ut eum liberum manu mitteremus. Nos quoque in praesentia fidelium nostrorum manu nostra denarium a manu eius excussimus et eum a iugo debite servitutis absolvimus. Unde imperiali iubemus potentia ut idem iam dictus burgulach tali lege ac libertate perfruatur, qualem cetere manu misse huc usque tenuerant. Et ut haec nostro concessionis ingenuitas firma stabilisque permaneat hanc cartam iussimus conscribi et anuli nostri impressione sigillari. (L. S.)

Vuilligisus cancelarius vice .... ti archicapellani notavi. data Idus Aug. anno dominice incarnationis dccclxxiiii, indictione II. anno vero domini Ottonis XIII (I.) imperii VII. actum imileba.

Leibniz ann. 311 theilt die Urkunde, die Böhmer nicht kannte, 'ex chartulario Magdeburgensi' ebenfalls mit, wenn auch mit einigen Abweichungen. Vrgl. dazu die Bemerkungen in Höfer. Diese Art der Freilassung geschah nur von Königen oder in ihrer Gegenwart, wurde nie allgemein und wurde, als sie später nach dem Aussterben der Karolinger allmählich ausser Gebrauch kam, immer nur von dem Oberhaupt des Staats vorgenommen. Den Freigelassenen stellte sie unmittelbar unter den Schutz des Reichs, und machte ihn der Freiheit desselben theilhaftig. J. Grimm deutsche Rechtsalterthümer 178 und 179. 940 Walter deutsche Rechtsgeschichte 436.

heim, den Bischof in Corvei bewachen.[1]) Auch hier lässt sich der Rath des Kanzlers voraussetzen, besonders aber mag er zur Erhebung Ottos zum Herzog von Schwaben mitgewirkt haben. Zuletzt machte Otto noch einen glücklichen Feldzug gegen den Dänenkönig Harald (Lamb. ann. a. g. O. Thietm. III, 4). Er verlebte hierauf den harten Winter[2]) dieses Jahres theils zu Pöhlde, wo er das Weihnachtsfest feierte, theils zu Dortmund und Nimwegen. In Dortmund scheint es gewesen zu sein, wo Otto II bei der Nachricht vom Tode Ruodberts den erledigten Erzbischofsmitz von Mainz an Willigis übertrug und ihn dadurch zum Erzkanzler und Metropoliten Deutschlands machte. Hierfür ist das Jahr 975 durch zuverlässige Quellen festgestellt, wenn auch einige Quellen ein anderes Jahr nennen und diesen spätere Chronisten und Schriftsteller folgen. Ruodbert starb am 13. Januar 975,[3]) und bereits am 25. Januar 975 wird die erste Urkunde, die dem neuen Erz-

---

[1]) Ann Hildesh. Lamberti ann. z. J. 974 (P. M. G. III, 62 und 63) Thietm. III, 3 P. M. G. 759, der Gielheim statt Ingelheim hat. Giesebrecht Gesch. I, 542 ff. Ranke Jahrb. II, 1. 14 ff.

[2]) Auf einen sehr trocknen Sommer war ein besonders langer und strenger Winter gefolgt. Noch am 15. Mai fiel tiefer Schnee. Ann. Hildesh. z. J. 975 'Hibernus fuit longus durus et siccus et ld. Mai. magna nix cecidit' Vrgl. Thietm. III, 3. Ann. Corbeienses z. J. 974 (P. M. G. III, 5). Ann. Laubienses. Ann. Leodienses (P. M. G. IV, 17).

[3]) Ann. necrologici Fuldenses maiores bei Leibn. scr. Brunsv. III, 764 und Böhm. font. rer. Germ. III, 157). So hat auch das Kalendarium necrologic. ecclesiae metropolitanae Moguntinae (bei Schannat vindemiae literariae I, 1 und Böhm. font. rer. Germ. III, 141), doch ohne Angabe des Jahres, das Böhmer durch die Zahl 976 ergänzt hat. Aber das Jahr 975 als Todestag Ruodberts nennen auch die ann. necrol. Fuldenses minores (Böhm. III, 154). Belege für Willigisens Erhebung im Jahr 975 geben ausser den ann. Magdeburg. und Thietm., dem auch der ann. Saxo folgt (P. M. G. VI, 626): die ann. Hildesheim. z. J. 975 (P. M. G. III, 62), ann. Corbei. (P. M. G. III, 5: 'Hrodbertus archiepiscopus obiit: Willigisus ordinatus est'), Monachi Sazavensis contin. Cosmae (P. M. G. IX, 148) ann. Dissibodenbergenses (Böhm. font. rer. Germ. III, 178). Auch Tritheim chron. Hirs. 119. Am meisten beweisen die Urkunden aus diesem Jahr. Zwar deutet die Bestätigungsurkunde der Privilegien des Mainzer Erzstiftes mit allen Zeitbestimmungen auf 974 hin, und Böhmer (N. 456) hat sie auch in dieses Jahr gesetzt (es folgt ihm darin Brinkmeier Itinerarium der deutschen Kaiser und Könige etc. p. 55.), aber der Inhalt und die Unterschrift des Kanzlers gaben ihr sowohl wie den drei folgenden Urkunden ,(B. 457—59) den richtigen Platz erst im folgenden Jahre. (Vrgl. auch Ranke Jahrb. II, 1, 112.) Alle andern Urkunden dieses Jahres sind von Folkmar vice Willigisi ausgestellt, bis auf eine in Schannat tradit. Fuld. 240 erhaltene Urkunde vom 3. Juni (B. 489), die ohne Angabe des Kanzlers und Erzkanzlers schliesst. Sie veranlasste Leibniz ann. 352 zu der Annahme, dass Willigis erst am 6. Juni zu Erfurt, als in der Diöcese Mainz gelegen, geweiht worden sei, indem er die Urkunden 487—499 nicht gekannt zu haben scheint.

Das Jahr 976 giebt an Marianus Scottus (chronicon P. M. G. V, 555). Er sagt: Robbertus episcopus Moguntinus obiit Idibus Ianuar. Willigisus episcopus successit annis 34. mensibus 6.' Ihm folgten Bruschius und Latomus catal. archiep. Mogunt. bei Menken III, 177 u. a. Das Jahr 977 nennen die ann. Wirciburgenses (P. M. G. II, 242), denen folgt Serrar., die Meynta. Chronik p. 52. Kolb Series Episcop. etc. p. 29. Lamb. annales (P. M. G. III, 67) haben ganz falsch 988, ebenso falsch die ann. Palideus. (P. M. G. XVI, 64) z. J. 966: post mortem Willehelmi, filii Ottonis, sedit Willigisus Mogoncie.' Das chron. Engelhusii bei Mader antiqu. Brunsvic. p. 39 lässt Willigis auf Hatto folgen. Wolfher in der vita Godehardi episc. posterior (P. M. G. XI, 205): 'a Rabano duodecimus Willegisus metropolitanus.' Eine alte series episc. et archiep. Mogunt. bei Böhm. font. rer. Germ. III, XXXIV lässt richtig folgen: Routprelit. Willigis. Erchanbolt, ebenso eine zweite p. 140: Rupertus. Willegisus. Erkenbaldus. Mooyer Verzeichniss der deutschen Bischöfe seit dem Jahr 800 nach Chr. Geb. setzt Willigis vom 29. Juni 975 bis zum 23. Febr. 1011.

bischof die Privilegien seines Stiftes bestätigt, vom neuen Kanzler Folcmar 'vice Willigisi archicancellarii' unterzeichnet. Sie ist erhalten in Guden. cod. dipl. I, 7, und wieder gedruckt in Mon. Boic. XXVIII, 206 und lautet, wie folgt: 'In nomine sancte et individue Trinitatis Otto divina preordinante dispositione Imperator Augustus. Cum nostrae condignum Serenitati videatur. honestis quorumcumque petitionibus benigniter obtemperare, sed maxime rebus aecclesiasticis commoditates quaslibet auctoritativa stabilitate impendere. ultimi examinis discussione premia divinitus capessenda liquido credi debeat. omnium fidelium nostrorum tam presentium quam et futurorum pateat industrie qualiter nos ob interventum dilectissime coningis nostre Theophanu nec non fidelissimi nostri Willigisi sancte Moguntiensis aecclesiae archiepiscopi. cum ipse omnia traditionum precepta ad eandem aecclesiam a quibusquam antecessoribus nostris. regibus vel imperatoribus tradita. nos antetulisset. omnes res et traditiones einsdem archiepiscopi. iterata auctoritatis nostrae confirmatione. more regio vel imperatorio illuc dedimus et firmissime concessimus. id est abbatias tam Canonicas. quam monachicas. aeclesias. mouetas et thelonea villas. quacunque regione sitas eidem sedi appertinentes. Colonos etiam quacumque einsdem potestatis terra positos. cum omnibus rebus ac possessionibus ad hanc sedem iure legaliterque pertinentibus. Inde precipiendo iubemus ut nullus index publicus aut quaelibet celsa vel humilis persona eius loca ingredi vel familiis aliquam iuiuriarum molestiam inferre. vel mansiones seu paratas¹) faciendas distringere. seu in colonos aliquatenus intromittere audeat. familiae autem coram nullo placitis vel negotiis respondere cogantur nisi coram episcopo seu potente advocato eius. Hoc namque renovationis nostrae et iteratae confirmationis preceptum. ut firmius stabiliusque (a) cunctis sanctae dei aecclesiae nostrisque fidelibus perpetim credatur ac diligentius observetur hanc cartam inscribi inssimus ac anuli nostri impressione signatam manu propria nostra subtus eam corroboravimus.

     Signum Domni Ottonis magni Imperatoris Augusti.
     Folgmarus Cancellarius vice Willigisi archicapellani notavi.

Data VIII. Kal. Februarii anno incarnationis domini DCCCCLXXIII. Indictione II. anno regni domni ottonis XIII. Imperii VII. actum Trutmenni.

  Auf Fürbitte der Gemahlin also und des sehr getreuen Willigis, der hier bereits Erzbischof von Mainz genannt wird, werden alle Rechte und Privilegien der Mainzer Kirche, die von den königlichen und kaiserlichen Vorgängern verliehen worden sind, aufs neue dem jetzigen Erzbischof bestätigt: alle Abteien, Klöster, Kirchen, Münzen und Zölle, alle seine Städte und Colonen mit jeglichen nach Recht und Gesetz dem Bischofssitz zugehörigen Dingen und Besitzungen. Kein öffentlicher Richter, keine Person, sie sei hoch oder niedrig, darf seine Oerter betreten, ihnen in irgend einer Weise beschwerlich zu werden. Die Stiftsangehörigen sind in Geschäften nur vor dem Bischof oder seinem bevollmächtigten Advocaten zu erscheinen verpflichtet.

---

¹) paratae bedeutet nach Du Fresne Glossar. III, 172 Expensae ad hospitum Susceptiones, maxime Missorum, seu delegatorum publicorum (Guden).

Man sieht, rasch wurden die Angelegenheiten des neuen Erzbischofs betrieben; auch Pabst Benedikt VII (974—983) ließ nicht lange mit der Bestätigungsbulle auf sich warten. Er wollte sich offenbar Otto II gefällig erweisen. Sie ist für Willigisens kirchliche Stellung in Deutschland so wichtig, dass es gerechtfertigt erscheinen wird, wenn sie nach dem Wortlaut, wie sie in Guden. cod. dipl. I, 9 erhalten ist, angeführt wird: 'Benedictus Episcopus, Servus Servorum Dei. Dilectissimo nobis in XPo (Christo) fratri, debitaque cum dilectione nominando, Wilgiso, Venerabili ac dignissimo Sancte Maguntine Sedis Archiepiscopo, apostolicam salutem. Si pastores ovium solem geluque pro sui gregis custodia die ac nocte ferre coacti sunt, ut, ne qua ex eis aut errando pereat, aut ferinis laniata morsibus rapiatur; et pro hoc oculis semper vigilantibus circumspectant; quanto sudore quantaque cura, Nos, debemus esse pervigiles qui Pastores animarum dicimur: Quapropter attendamus, et susceptum officium studiosissime erga custodiam Dominicarum ovium exhibere non cessemus; ne in die divini examinis, pro desidia nostra, inde nos ante summum Pastorem negligencie reatus excruciet, inde modo honoris reverentia sublimiores inter ceteros iudicamur.

Hoc itaque, frater carissime, te considerare oportet, ut locum tanti culminis quem adeptus es, non ad requiem, sed ad laborem te suscepisse cognoscas; adhortationis ope fidelium corda corrobora, infidelium vero summopere converte; quod ut facilius assequi mercaris, exhortationem bonorum operum vita tua confirmet; atque ut breviter dicam, opitulante Deo irreprehensibilem te exhibere stude; quod efficaciter facere poteris, si caritatem magistram habueris, sicut habere te credimus; quam, qui secutus fuerit, a recto aliquando tramite non recedit.

Pallii interea usum, quem ad sacerdotalis officii decorem, et ad ostendendam unanimitatem quam cum beato Petro Apostolo universus grex dominicarum ovium que ei commisse sunt habere debet a Sede Apostolica, sicut decuit proposuisti, libenter Fraternitati tue concessimus, atque illud tibi transmittimus, quo eo ita uti memineris, sicut predecessores nostri tuis predecessoribus concesserunt; servata dumtaxat privilegiorum tuorum integritate, quo in tota Germania et Gallia, post summum culmen Pontificis, in omnibus ecclesiasticis negotiis, id est in Rege consecrando, et Sinodo habenda, ceteris omnibus tam Archiepiscopis quam et Episcopis, Apostolica auctoritate, sicut iustum et rectum esse videtur, preemineas: Etenim decernimus, ut in Natalis Domini, et solemnitate Epiphanie, Pasche, Ascensionis, Pentecostes, et in festivitate beatorum Apostolorum Petri et Pauli et Domine nostre semper virginis Marie, atque illius Sancti in cuius nomine vestra Ecclesia dedicata esse videtur, et in eiusdem dedicatione ecclesie, et in die Natalitii tui, nec non in consecratione Episcoporum Soffraganeorum tuorum, illo indui debeas: Adicientes etiam pro amore dilectissimi filii nostri, Domini Ottonis, piissimi Imperatoris Augusti, ut in celebritate beatorum martirum Laurentii atque Mauritii, Victoris, Albani, et Sanctorum Martirum Sergii et Bacchi specialiter eo vestiaris; cuius indumento honor cum modesta actuum vivacitate servandus est. Hortamur, ut ei morum tuorum ornamenta conveniant, quatenus auctore Deo recte utrobique possis esse conspicuus, considerantes animo paterno opus tibi credite ecclesie, et benevolenciam affectumque collatum summe Sedis apostolice.

Sancta Trinitas Fraternitatem Vestram gratie sue protectione circumdet, et ita in timoris sui via nos pariter dirigat, ut post huius vite tristitiam, ad eternam simul perducat letitiam.

Scriptum per manum Stephani, Notarii sancte Sedis apostolice; et in mense Martio, Indictione tertia."

Der Hauptinhalt dieser Bulle ist also in kurzen Worten das Privilegium, dass der Mainzer Erzbischof in ganz Germanien und Gallien post summum celmen Pontificis, in allen kirchlichen Dingen, von denen hier besonders die Salbung des Königs und die Abhaltung von Synoden genannt wird, vor allen andern Erzbischöfen und Bischöfen den Vorrang haben solle. Es ist nur eine erneute Bestätigung der alten Privilegien des Mainzer Erzstuhls als Metropolitankirche Deutschlands, wie sie bereits Bonifacius verliehen, wie sie dann den Erzbischöfen Friedrich und Wilhelm, dem Sohne Ottos I, wieder bestätigt und erweitert worden sind, und worin diese geradezu vicarii und missi des Pabstes in allen Gegenden Deutschlands genannt werden. Die Mainzer Erzbischöfe nahmen somit die höchste kirchliche Stellung in Deutschland ein, und es ist ihnen in ihren von den Päbsten verliehenen Privilegien nicht nur eine Art Oberaufsicht über die andern kirchlichen Würdenträger eingeräumt, sondern auch damit das Recht verbunden, Synoden abzuhalten, wo es ihnen genehm ist. Dies ist wenigstens in den frühern Bullen ausgesprochen, und es ist kein Grund anzunehmen, dass es für Willigis, den neuen Erzbischof, ungültig sei.[1]

---

[1] Es wird nicht zu weit von der Sache abführen, wenn ich den Inhalt der frühern Bullen zum Beleg des oben angeführten nach Ch. Jaffé: regesta pontificum Romanorum ab condita ecclesia ad annum post Christum natum 1198 (Berlin 1851) kurz angebe.

Zacharias (741—752). a. 751 den 4. November. Bonifacio episcopo et eius successoribus ecclesiam Moguntinam asserit sedem metropolitanam „habentem sub se has civitates, id est: Tungris, Coloniam, Wormatiam, Spiratiam, et Trectis et omnes Germaniae gentes" per eum ad Christi fidem conversas. In der Bulle „Qualiter dominus" (p. 188).

Leo VII (936—939) a. 937—939. Fridericum, archiepiscopum Moguntinum, prodit „suum vicarium et missum in cunctis regionibus totius Germaniae, ut, ubicumque episcopos, presbyteros, diaconos vel monachos excessisse repererit, illos corrigere et ad viam veritatis reducere non omittat." Permittit, ut Judaeos, nisi Christianam fidem suscipiant, civitatibus expellat; invitos vero baptizari vetat. Bulle „diebus vitae tuae" (p. 315)

Marinus II (942—946) a. 496. Friderico, archiepiscopo Moguntino, hoc privilegium concedit, ut in partibus totius Germaniae Galliaeque provisor s. Moguntinae sedis vicarius missusque apostolici teneatur; ita ut, si quos invenerit viros a recto tramite iustitiae deviantes, cuiuscumque sint personae, ad se vocare, ubi loci velit, monere, corrigere, synodumque constituere, ubi velit, potestatem apostolici habeat. (p. 317).

Agapetus II (946—955). a. 955. Willihelmo, archiepiscopo Moguntino, idem privilegium tribuit, quod Marinus Friderico concesserat. Haec addit: „Sanctae enim Moguntiae sedi privilegium conscribimus, ut si quis eam, cuiuscumque sit personae, aliquo (hono)re hu(e) habito velit depraedari, ipse depraedetur, et nisi resipiscat, aeterno vinculo anathematis — mancipetur. „Fraternitatis amore" (p. 320).

Ioannes XII (955—963) a. 955. Willihelmo, Archiepiscopo Moguntino, significat, litteras eius Agapeto inscriptas sibi redditas esse. Miserias eius, hominumque insidias dolet; quorum conatibus se obstiturum affirmat, curaeque sibi fore, ut „unicuique proprius maneat honor." Hortatur ad oppugnandos eos, qui contumaces et iniqui vivere velint et ecclesias domini devastare satagant." De omnibus, „quae in Galliarum atque Germaniae partibus agantur," certior fieri vult. — „Litteras quas" (p. 321). Ueber den erwähnten Brief des Erzbischof Wilhelm an Agapet II vergl. Giesebr. Gesch. der deutsch. Kaiserzeit I 419. Giesebrecht hat ihn hier abdrucken lassen (p. 819). Ich führe daraus folgende Stellen an: 'Willihelmus s. Magontinae

So sehen wir Willigis, einen Mann aus dem Volke, durch die Gunst und den Machtspruch Ottos II plötzlich auf den ersten und einflussreichsten Bischofssitz diesseits der Alpen erhoben, auf dem zehn Jahre vorher ein Kaisersohn gesessen. Geringer glaubte der junge Kaiser die Verdienste seines treuen Kanzlers und klugen Rathgebers nicht belohnen zu können. Es ist nur eine Fortsetzung der Politik seines grossen Vaters, die wichtigsten geistlichen Stellen an Verwandte oder bewährte und erprobte Diener zu verleihen, und es zeugt zugleich von der Klugheit und Menschenkenntniss des jungen Kaiserpaars, dass es über die Vorurtheile der Geburt sich hinwegsetzend, einen Mann zum Erzbischof von Mainz machte, der nicht nur durch Tüchtigkeit und Fähigkeit sich hervorthat, sondern auch durch heilige Pflichten der Dankbarkeit unauflöslich gefesselt war an die kaiserliche Familie, die ihn aus dem Staube hervorgezogen. Ohne Widerspruch von Seiten der Vornehmen wird die Ernennung nicht abgegangen sein — Thietmar deutet ausdrücklich darauf hin — doch war Otto selbstständig genug,[1]) denselben nicht zu beachten. Auch wurde es fähigen Geistlichen überhaupt leichter, sich durch ihr Verdienst empor zu arbeiten.[2]) Eine Hauptfürsprecherin aber hatte Willigis an Ottos Gemahlin, der klugen und schönen Theophano; ihr Einfluss, der damals, als das bis dahin sehr innige Verhältniss des Kaisers zur Mutter sich zu lockern begann, fast in allen Urkunden sichtbar wurde, brachte die missgünstigen Stimmen zum Schweigen. Aber auch mit andern vielgeltenden Personen am kaiserlichen Hofe, mit Otto von Schwaben, mit Bernhard von Sachsen, mit den bedeutendsten Kirchenfürsten: Adalbert von Magdeburg, Gero von Cöln, Piligrim von Passau u. a. sehen wir Willigis bald in bestem Einvernehmen. Ist Willigis nun auch nicht mehr beständig um Otto, so ist doch sein Verhältniss zum Kaiser keineswegs gelöst. Wenn wichtige Ereignisse besonnenen Rath nöthig machten, so wird er gewiss nicht gefehlt haben, wenn wir dies auch nicht in allen Fällen urkundlich nachweisen können. Betrachten wir zunächst die weitern Beziehungen Willigiseus zu Otto II und

sedis minister indignus, eius (des Pabstes, dono Galliae partium Germaniaeque a se secundus.' Und weiter unten: 'quae (vestra sanctitas) me pallei vicariique Galliae partium Germaniaeque dote ditavit.' Vrgl. auch Marianus Scottus z. J. 750 (P. M 9 v 547) Pipinus decreto Zachariae papae a Bonifatio Mogontino archiepiscopo unguitur in imperatorem, et deinde ob id post papam secundus habetur episcopus Mogontinus,' und P. M G. III 35.

[1]) Die Stellen zur Charakteristik Ottos sind gesammelt von Giesebrecht in Rank. Jahrb. II. 1, 2 und 3.

[2]) Gfrörer allgemeine Kirchengeschichte III, 3 (p. 1306): „Keine alte Quelle weiss etwas von den Ahnen Hatto's und Friedrichs von Mainz. — — Auch Wolfgang, der erste Apostel der Ungarn und seit 972 Bischof von Regensburg, stammte zwar von freien aber unbemittelten Eltern in Schwaben ab, die Nichts übrig hatten. Das Gleiche gilt noch von manchen andern Bischöfen. Beides, die Grossartigkeit unserer öffentlichen Verhältnisse und der helle Verstand, der vielen unserer Kaiser innwohnte, bewog sie häufig, das Verdienst, wo sie es fanden, hervorzuziehen." Luden Geschichte des teutschen Volks (Gotha 1832) VII, 200 bringt es mit den Verhältnissen in Lothringen in Verbindung, dass Otto auf den eben erledigten erzbischöflichen Stuhl zu Mainz einen Mann brachte, „der vielen grossen Herrn geistliches und weltliches Standes ein Aergerniss war, der aber sein Vortrauen besass und auf dessen Treue er mit Zuversicht rechnen durfte." Vrgl. auch die Anmerkung bei Luden p. 534.

seiner Regierung und werfen dann einen Blick auf seine geistliche Wirksamkeit, soweit sie uns die spärlichen Quellen erkennen lassen.

Man kann annehmen, dass Willigis sich sofort in seine Diöcese begab, aber zu dem grossen Fürstentag, den Otto im Juni in Weimar abhielt (Lamb. ann. und ann. Weissemb. z. J. 975 P. M. G. III, 63) scheint er sich wieder eingefunden zu haben; denn bald darauf finden wir ihn in Erfurt, wohin auch andere Grossen dem Kaiser folgten. Dies ersehen wir aus den Urkunden vom 11. Juni, worin Otto dem Bischof Piligrim von Passau die Abtei Kremsmünster im Traungau schenkt, oder vielmehr die von Piligrim wahrscheinlich gefälschten Schenkungs-Urkunden der Kaiser Ludwig und Arnulf (Dümmler Piligrim von Passau p. 57) bestätigt. Der Kaiser thut dies, wie es in der Urkunde heisst: 'non suae (Piligrimi) solum servitutis assiduitate commoniti sed et interventu fidelium nostrorum Willigisi et Gereonis archiepiscoporum incitati' (Mon. Boic. XXXI, 224). Otto begiebt sich hierauf, von Willigis begleitet, über Memleben[1]) nach Altstädt, und hier lässt er auf dessen Verwendung (interventu dilecti et fidelis nostri Willigisi archiepiscopi) dieselbe Schenkungsurkunde an Piligrim wiederholen (Mon. Boic. XXXI, 225) Am 26. Juni treffen wir beide in Magdeburg. Eine grosse Zahl von Bischöfen hatte sich hier wieder zusammen gefunden. Nach ihrem Rath und mit ihrer Einwilligung beschliesst der Kaiser die Verlegung des in rauher Gegend im Harz gelegenen Klosters Thangmaresfeld nach Nienburg an der Saale und verleiht ihm bedeutende Privilegien.[2]) In Magdeburg wurde wohl auch der bald darauf von Otto unternommene, in Lamb. ann und den ann. Weissemb. erwähnte kurzdauernde Einfall in Böhmen berathen und beschlossen. Im Anfang des Jahres 976 ist Willigis wieder bei dem Kaiser, der damals zu Erstein im Elsass Hof hielt.[3]) Sein Rath und Beistand that besonders noth, denn schwere Wolken zogen sich gegen Otto zusammen Von Frankreich heimlich unterstützt bedrohten Reinhard und Lambert aufs Neue die Ruhe des Reichs, und wenn die Nachricht Trithems,[4]) dass damals ein Reichstag zu Mainz abgehalten wurde, wahr ist, so geschah dies ohne Zweifel auf

---

[1]) Die hier ausgestellte Urkunde (B. 493) habe ich nicht nachsehen können.

[2]) Es geschieht dies 'episcoporum complurium consensu, imprimis Archipresulum Adalberti, Willigisi, nec non et aliorum, Annonis (von Worms), Brunonis (von Werden), Hildiwardi (von Halberstadt), Milonis (von Minden), Hugonis (von Zeitz), Voccouis (von Meissen).' Beckmann Historie des Fürstenthums Anhalt I, 428.

[3]) Urkunde vom 27. December (B. 502). Otto bestätigt auf Bitten des Abts und der Mönche zu Schuttern, unterstützt durch die Fürsprache der Kaiserin Theophano 'una cum fidelibus nostris Willigiso Moguntinae sedis venerabili Archiepiscopo et Erkanbaldo Argentinae civitatis venerando Episcopo', nach dem Beispiel seines Vaters die dem Kloster verliehenen Freiheiten, besonders die freie Wahl des Abts (Würdtwein nova subsidia diplomatica III, p. 417. Dümge reg. Badens. 9. Vrgl. auch Anonymi Chron. Coenobii Schutterani bei Schannat vind. liter. I, 19.)

[4]) Chron. Hirs z. J. 976 p. 119. 'Anno Sigeri Abbatis vicesimo quinto, secundus Otto Imperator conventum Principum generalem celebravit in Moguntia, ubi inter caetera cunctis per totum imperium fuit sub poena capitis, et amissione omnium bonorum interdictum rapinas exercere in regno'.

Antrieb des Willigis, um gegen die Ruhestörer energisch aufzutreten und bei Zeiten sich zur Abwehr zu rüsten. Jene brachen auch in der Charwoche los, es kam zu einem hartnäckigen Treffen, in dem die Anhänger des Kaisers endlich siegten (gest. episc. Cameruc. I, 96, P. M. G. VII, 440), ohne dass damit aber die Ruhe wieder hergestellt war. Zu gleicher Zeit war Heinrich aus seiner Haft nach Baiern entflohen, und auch hier entbrannte ein unheilvoller Bürgerkrieg, der besonders die Gegend von Passau verwüstete. Aber auch er wurde, als der Kaiser schnell mit einem Heer erschien, bald gedämpft, Herzog Heinrich musste nach Böhmen entweichen, und bereits am 21. Juli war Otto in Regensburg. Ob Willigis ihn auf seinem Zug begleitet hat, kann man nicht ersehen, jedenfalls eilte er sogleich zu ihm nach Regensburg. Durch seine und Herzog Ottos Fürbitte wurde Piligrim für die durch seine standhafte Anhänglichkeit erlittenen Verluste reichlich entschädigt.[1] In Regensburg inmitten seiner Getreuen Willigis, Otto, Piligrim, Bischof Boppo von Würzburg u. a. ordnet er aufs Neue die Angelegenheiten des deutschen Reichs[2] und hält Gericht über die Schuldigen. Gegen die Empörer wird in feierlicher Synode der Bann ausgesprochen,[3] Baiern erhält Otto, doch werden bedeutende Theile abgetrennt und andere Getreue damit belohnt, besonders die Babenberger Brüder Berthold und Liutpold. Für ersteren wird eine neue Markgrafschaft errichtet am Böhmerwald. Die Marken Kärnthen und Verona werden zu einem Herzogthum unter Heinrich dem Jüngern vereinigt.[4] Des Kaisers Aufmerksamkeit musste sich jetzt nach Westen richten, wo Reinhard und Lambert nicht abliessen, Lothringen zu beunruhigen. Er begab sich deshalb an den Rhein und verlebte das Weihnachtsfest in Cöln. Dann scheint er mehrere Male seinen Aufenthalt gewechselt zu haben. Im März 977 war er in Utrecht.

---

[1]) Urkunde vom 22. Juli (B. 512) Schenkung des Klosters Niedernburg zu Passau mit dem Ort Walahunesdorf und allem sonstigen Zubehör an St. Stephan. 'Vir spectabilis' heisst es unter andern in ihr, 'piligrimus sanctae pataviensis aecclesiae presul venerandus partibus nostris favens pro viribus fide inconcussa, in perturbatione atque vacillatione regni baioariorum, ab adversariorum pernitiosissima persecutione, tam in incendiis quam interfectione familiae ne devastatione non parvam episcopii sui perpessus est iacturam. Cuius fidem atque constantiam aequum duximus remunerare, et aecclesiasticae desolationi regia munificentia solamen aliquod inpendere. Unde etiam eius non solum moti quaerelis sed et allubescentes precibus dilectissimi fratruelis nostri Ottonis ducis videlicet baiovvariorum atque villigisi archiepiscopi etc. Mon. Boic. XXVIII 219 B. 512. Die andere Schenkung B. 513 Mon Boic. XXVIII 221 verdankt Piligrim allein der Verwendung des Willigis.

[2]) Vrgl. die Urkunde vom 21. Juli 'qualiter radesponae manentes regni nostri stabilitatem pacemque confirmantes.' Mon. Boic. XXVIII 214.

[3]) Pertz leges IIb 171. Haec excommunicatio acta est ante Ratisponam. Canonicam et apostolicam auctoritatem secuti, Heinricum sanctae huius Ratesponensis ecclesiae sedque regni domni nostri imperatoris invasorem, et hos sui sceleris complices et fantores: ..... a sancta catholica et apostolica Dei ecclesia separamus, et iudicio sancti Spiritus excommunicamus.

[4]) Ranke Jahrb. II, 1. 135 Giesch. Geschichte des deutsch. Kaiserr. 547 Gfrörer Kirchengeschichte p. 1369, Dümmler p. 59.

Hier traf wahrscheinlich Willigis mit ihm zusammen¹) und begleitete ihn dann nach Ingelheim, wie wir aus einer Urkunde bei Böhmer ersehen vom 12. April.²) Auch andere Grossen kommen zum Osterfest dorthin, so Otto Herzog von Schwaben und Baiern (Gud. cod. dipl. I, 349) und Herzog Heinrich. Es wurden hier ohne Zweifel die in Lothringen zu treffenden Massregeln berathen, und durch kluge Milde vorläufig die Ruhe gesichert (Sigeh. Gembl. chron. z. J. 977 P. M. G. VI, 352 gest. ep. Camerac. I, 101 P. M. G. VII 443.) Otto wendet sich nun gegen Böhmen (Ranke Jahrb. II, 1, 39), bekämpft hierauf einen durch den Verrath Heinrichs von Kärnthen und Bischof Heinrichs von Augsburg unterstützten neuen Aufstand des geächteten Herzog Heinrich, nahm sie alle in Passau gefangen und liess sie um Ostern 978 vor einem Fürstengericht verurtheilen. Heinrich der Zänker wird unter die Aufsicht des Bischofs Folcmar von Utrecht gestellt, Heinrich von Kärnthen verliert sein Herzogthum und wandert in die Verbannung, Bischof Heinrich wird dem Abt von Verden zur Verwahrung übergeben (Ranke Jahrb. II, 1, 44); Letzterer erhält jedoch auf Verwendung der Geistlichkeit (vita Udalrici 82, P. M. G. IV, 417) bald die Freiheit wieder. In Quedlinburg söhnt sich 978 auch Boleslaw der Böhmenherzog mit Otto aus.

Da bedrohte eine neue Gefahr den Kaiser. Unbesorgt feierte er mit seiner Gemahlin und vielen Fürsten das Johannisfest zu Achen, da fiel plötzlich König Lothar, nachdem er heimlich gerüstet, mit einem Heere in Lothringen ein, rückte in Eilmärschen gegen Achen vor, und kaum entging Otto der Gefangenschaft. Nur drei durch Plünderungen und Verwüstungen bezeichnete Tage blieb Lothar in Achen; dann kehrte er nach Frankreich zurück. Otto, aufs tiefste empört

---

¹) Indem ich nämlich hierher die Urkunde in Guden cod. dipl. I, 358 setze, die ohne Zeit- und Ortsangaben schliesst. Böhmer hat sie nicht aufgenommen, aus welchen Gründen, ist mir unbekannt. Wenn sie ächt ist, kann sie nur aus dieser Zeit sein, weder aus 978, wohin sie Guden setzt, noch wie Ossenbeck de Willigisi etc. p. 35 annimmt, aus 975, denn der Kanzler Egbert, der die Urkunde unterschreibt, bekleidet diese Würde nicht vor dem Juli 976 und nicht nach dem Juli 977 (Ranke Jahrb. II, 1, 113). Den Winter 976 auf 977 verlebt aber Otto am Rhein, den 19. März in Utrecht. Da in der Urkunde selbst auf Utrecht hingewiesen wird, möchte dort ihre Stelle sein. Sie enthält eine Schenkung an Mainz, in der es unter anderm heisst: 'Notum fieri volumus omnibus fidelibus nostris, presentibus scilicet et futuris, qualiter quoddam Preceptum Ludvici Regis, a Patre nostro dive memorie Viro, Ottone videlicet Imperatore Augusto recuperatum, Traiectum nobis est allatum; in quo certa traditio Curtis Logenstein in pago Einriche, ab Uta venerabili Matre prefati Regis, suique Advocato nomine Ruthart, ipso etiam Regio Decreto consentiente, ad Ecclesiam Sci Martini que est infra Moguntince murum sita, ubi Sedes Episcopalis est, cui tunc temporis Venerabilis Hatto Archiepiscopus preesse videbatur; Et ab eodem Episcopo, suique Advocato nomine Hunfrit, Curtem Piscofesheim in Pago Tubercowe, usufructuario tantum ad tempus vite sue prefatam Venerabilem Matronam suscepisse, Nobis cunctisque fidelibus nostris innotuit.' Dann wird gesagt, 'per petitionem Willigisi, qui modo Sce Moguncelace Ecclesie Venerabilis Archiepiscopus preesse dinoscitur, nostro Regio Precepto hanc traditionem in pristinum volumus restaurari.'

²) Böhmer Cod. diplom. Moeno. Francofurt. p. 8. Otto bestätigt der Salvatorskapelle zu Frankfurt die von Ludwig dem Jüngern am 17. November 880 erhaltenen Diplome und gestattet den Chorbrüdern dieser Capelle, sich aus dem Reichsforst Dreieinigkeit mit dürrem Holze zu versehen; 'qualiter Willigisus Moguntinae sedis archiep. nostris obtutibus quoddam preceptum Karoli imperatoris representans etc.' Vrgl. auch Würdtwein: Dioecesis Moguntina in archidiaconatus distincta II, 415.

über diesen unerhörten Friedensbruch, sandte sofort von Cöln aus, wohin er sich geflüchtet hatte, an Lothar die Botschaft, dass er am 1. October sein Reich angreifen werde und berief dann Mitte Juli die Fürsten nach Dortmund (Vit. Udalr. 28 P. M. G. IV, 417). Einstimmig wurde hier der Krieg gegen Lothar beschlossen, aus allen Gegenden des Reichs, selbst aus Italien eilten Kriegsschaaren herbei. Zur bestimmten Frist rückte Otto mit einem gewaltigen Heer in Frankreich ein und drang bis Paris vor. Wenn er hierdurch auch den Feind nicht gänzlich gedemüthigt hatte und auf dem Rückzug an der Aisne durch einen Ueberfall Lothars Einbusse erlitt, so kehrte er doch 'triumphali gloria', wie Thietmar sagt, nach Deutschland zurück.[1])

Im folgenden Jahr rief die Anklage gegen den Markgrafen Gero wegen Untreue (infidelitas ann. Hildesh.) gegen den Kaiser alle Fürsten nach Magdeburg zusammen.[2]) Obschon bei allen diesen Fürstenversammlungen der letzten Jahre selbstverständlich anzunehmen ist, dass Willigis, der erste deutsche Kirchenfürst, nicht gefehlt habe, dass seine Stimme bei den gemeinschaftlichen Berathungen noch ebenso wie früher ihre Geltung gehabt habe, so finde ich doch seinen Namen nirgends erwähnt, weder bei den Chronisten noch in den Kaiserurkunden, deren Einsicht mir möglich war. Darf man daraus den Schluss ziehen, dass Willigisens Einfluss bei Otto in dieser Zeit nicht mehr so gross gewesen sei, wie früher, dass andere Persönlichkeiten ihn aus der Nähe des Kaisers verdrängten? Die Kälte zwischen Adelheid und ihrem Sohn war damals in offnen Bruch ausgeartet. 978 hatte sie sogar den kaiserlichen Hof verlassen müssen und sich zu ihrem Bruder, König Konrad von Burgund, gewandt. (Odilonis epitaphium Adelheidae 6 P. M. G. IV, 640, Ann. Saxo z. J. 978 P. M. G. VI, 627.) Die Deutschen waren hierüber missvergnügt,[3]) und die Vermuthung liegt nahe, dass auch Willigis nicht zufrieden damit war. Dann aber sehen wir auch zwei Männer an Ottos Seite, die neben Theophano und Herzog Otto sich seiner Gunst in unbeschränktem Masse bemächtigt haben: Bischof Theoderich von Metz, schon bei Otto I in

---

[1]) Dieser Ueberfall Lothars und König Otto's Rachezug muss grosses Aufsehen gemacht haben, denn er wird von sehr vielen Chronisten und Annalisten erzählt. Sehr bald mischte sich auch sagenhaftes bei. Besonders ausführlich erzählt und rhetorisch ausgeschmückt ist er von Richer histor. III, 68—77. P. M. G. III, 621—623; Vrgl. ferner Thietm. III, 6 P. M. G. III, 761. Beide erwähnen die bekannte Geschichte von der Umdrehung des ehernen Adlers auf dem Dach der Königspfalz zu Achen, aber einander gerade entgegengesetzt. Vrgl. auch gest. ep. Camer. 97 P. M. G. VII, 440. Rodulfi Glabri hist. I, 3 P. M. G. VII, 54, Hist. Francorum Senonensis P. M. G. IX, 367 mit grossen Uebertreibungen zu Gunsten Lothars, Ekkehardi chron. z. J. 977 P. M. G. VII, 191, Herim. Aug. Chr. P. M. G. V, 116, Beruoldi chr. P. M. G. V, 423. und viele andere. Alpertus de episc. Mettens. P. M. G. IV, 697 sagt, Lothar hätte Lothringen bis zum Rhein sich unterwerfen wollen. Sehr lakonisch die ann. Laub. und Leodiens. P. M. G. IV, 17 'Lotharius rex Aquense palatium videre tantum venit.' Ganz falsch die ann. August. P. M. G. III, 124.

[2]) 'Deinde convocatis ad Magathaburg cunctis regni principibus' Thietm. III, 7. Vrgl. auch Lamb. ann. a. J. 979 und ann. Corb.

[3]) Le Bret Geschichte von Italien I, 507.

grossem Ansehen, von Otto II und Theophano sehr hoch gehalten,[1]) und Giseler Bischof von Merseburg,[2]) die wir beide auch in Italien bei Otto sehen, und die an dem spätern Missgeschick Ottos gewiss nicht ohne Schuld sind.

Eine Annäherung mag Herzog Otto wieder bewirkt haben; wir finden ihn und Willigis im November 979 bei dem Kaiser in Goslar.[3]) Im nächsten Jahre 980 feierte Otto das Osterfest in Ingelheim. Da traf auch Willigis mit andern Geistlichen ein. Es wurden in einer dort abgehaltenen Synode nicht nur kirchliche Dinge besprochen, wie die Verordnung wegen der Abtswahl der vereinigten Klöster Stablo und Malmedy zeigt,[4]) sondern gewiss auch die Friedensunterhandlungen mit König Lothar von Frankreich berathen. Diese waren damals im Werk, und noch im Sommer wurde der Friede zwischen den Monarchen an der Gränze der beiden Reiche geschlossen. Ob und welche der deutschen Fürsten zugegen waren, wird nicht erwähnt. Er war für den Kaiser ehrenvoll, denn Lothar entsagte seinen Ansprüchen auf Lothringen, und Otto hatte nun auch von dieser Seite Ruhe.[5])

Bis jetzt hatte Otto rühmlich regiert. Nach allen Seiten hin hatte er mit glücklichem Erfolg eine unermüdliche Thätigkeit entfaltet. Er hatte die Ruhe Deutschlands im Innern hergestellt, hatte die Macht, die Ehre und das Ansehen, welches das Reich unter Otto dem Grossen erlangt, ungeschwächt erhalten. Er hatte dies erreicht durch eigne Thatkraft, durch die tapfern deutschen Arme, durch den einsichtsvollen Rath der Fürsten, und unter ihnen wieder vor allen des Willigis,

---

[1]) 'Fuit hic amicus Caesaris et valde ei carus' Thietm. III, 9. Er zeichnet sich durch unersättliche Habsucht aus, und war daher der Bestechung sehr zugänglich, vrgl. Alp. de ep. Mett. P. M. G. IV, 699. Es sagte einmal einer zu ihm: „dich sättige Gott in der künftigen Welt mit Gold, da wir hier alle es nicht können" ('Saciet te Deus in futuro, quem hic omnes non possumus auro' Thietm. III, 9).

[2]) Otto hatte ihn nach Italien gesandt, bevor er selbst hinzog und glaubte später seine Dienste nicht genug belohnen zu können. Vrgl. die Urkunde bei Eccard hist. genual. princip. Saxouiae p. 145.
Beide werden später Verräther an Ottos Sohne. Ihr wahrer Charakter enthüllte sich schon bei der Aufhebung des Bisthums Merseburg. Otto war schlimm berathen, denn auch der Theophano und Otto scheint man keinen guten Einfluss zugeschrieben zu haben. Darauf deutet auch wohl Bruno in vita Adalberti 10 P. M. G. IV, 598 hin, wenn er sagt: 'tandem pudet quia mulierem audivit, tandem sero poenitet quia infantilia consilia secutus sentencias maiorum proiecit.'

[3]) Vrgl. die Urkunde vom 4. November bei Guden cod. dipl. I, 11, eine Schenkung der villa Aschaffa an das S. Peterstift in Aschaffenburg enthaltend 'ob petitionem Ottonis', weitere Bestimmungen wegen des Zehnten 'pro supplici rogatione Willigisi Archicappellani.'

[4]) Siehe die Urkunde aus Achen vom 4. Juni bei Martene et Durand veterum scriptorum et monumentorum amplissima collectio II, 50 .... 'a se decretum in synodo Ingelheimensi consultu episcoporum, maxime Willigisi Moguntini et Deuderici Metensi etc.'

[5]) Jahrb. II, 1, 62 und 63. Richer III, 79—81. P. M. G. III, 624. Thietm. III, 7. Ann. Hildesh. gest. episc. Camer. 104. P. M. G. VII, 444. Hist. Franc. Senon. P. M. G. IX, 367. Trith. Chron. Hirs. 121. Sigib. z. J. 980. P. M. G. VI, 352. Ann. Laub. und Leod. z. J. 980, Ann. Elnonenses minores z. J. 980. P. M. G. V, 19.

wenn derselbe auch in vertrauteren Dingen nach unserer Meinung nicht mehr das frühere Vertrauen genoss. So hatte Otto sich die Liebe und Anerkennung der Seinen erworben.[1]) Da richtete er endlich seinen Blick auch auf die unheilvolle Erbschaft seines Vaters, auf Italien, das für so manchen deutschen Fürsten das Grab seines Ruhmes werden sollte, das auch Otto von seiner Höhe gestürzt hat. So bereitwillig bis jetzt die deutsche Nation Otto in seinen Unternehmungen unterstützt hatte, bis nach Italien scheint diese Bereitwilligkeit sich nicht erstreckt zu haben. Nur ein kleines Heer folgte ihm dahin. Auch die meisten Fürsten scheinen zurückgeblieben zu sein, unter ihnen Willigis, sei es dass dieser von Otto zu dem Zuge nicht aufgefordert wurde, sei es dass er mit demselben überhaupt nicht einverstanden war. Mit seiner Gemahlin und seinem in diesem Jahre gebornen Sohne Otto verlässt der Kaiser, von der Schwester Mathilde, von Herzog Otto von Schwaben und Baiern und dem Bischof Theoderich begleitet, im Herbst 980 Deutschland. Am 5. Dezember ist er in Pavia, und söhnt sich hier mit der Mutter wieder aus. (Odilo epit. Adelh. 7 P. M. G. IV, 640.) Das Osterfest 981 verlebt er im Kreise der Seinigen und einer grossen Zahl weltlicher und geistlicher Fürsten in Rom (Ann. Saxo s. J. 981). Auch unter diesen scheint Willigis nicht gewesen zu sein, sicher wohnte er dem am 9. und 10. September von Pabst Benedikt VII abgehaltenen allgemeinen Concil zu Rom nicht bei. Es ist auch kaum anzunehmen, dass er zu einem Akte desselben seine Zustimmung gegeben haben würde, wenn er sich auch später in die vollendete Thatsache fügen mochte. Es ist die mit Recht allgemeines Missfallen in Deutschland erregende, von Gfrörer (Kirchengesch. p. 1401) ein wahrer Judasstreich, ein Verrath an der Kirche und am Reiche genannte Aufhebung des Bisthums Merseburg, nach dem am 21. Juni erfolgten Tode des Erzbischofs Adalbert von Magdeburg.

Giseler wünschte das Erzbisthum zu erhalten, und da die Kirchengesetze den Uebergang von einem Bischofsstuhl zum andern verboten, so liess Otto, um seinem Günstling gefällig zu sein, dessen früheres Bisthum, die Schöpfung des grossen Otto, ganz aufheben. (Thietm. III, 8 und 9. P. M. G. III, 762—764.)[2]) Am 30. November kommt Giseler, von Theoderich begleitet, den er durch Geld ('mille talenta auri atque argenti pro veritatis obumbracione ab archiepisco percepit') bestochen hatte, nach Magdeburg. „Darauf ward alles," sagt Thietmar, „was vorher unserer

---

[1]) 'Tanto favore et benivolentia apud suos usus, ut sicut imminenti periculo, ita quoquo et omnibus capita sese obiecturos pollicerentur.' sagt Richer nach der französischen Expedition III. 77. Otto selbst sagt in einer Urkunde vom St. Denis vom 15. Oktober 950 (B. 571) Würdtwein Nov. Subsid. III, 426: 'cum nostrum imperium divino regiminis subsidio roboratum non solum pristino vigore in praesens usque floruerit, verum etiam Divino nutu succrescendo limites paternae Maiestatis excesserit.'

[2]) Es giebt über diese Verhandlungen zwei päbstliche Bullen (s. Sagittar. I, 194—201 und Leib. ann. s. J. 991). Die eine wird decretum deliberationis, also Protokol genannt, die andere ist ein Privilegium für Magdeburg. Der Schluss desselben ist eine Bestätigung der Annahme, dass Willigis damals nicht in Rom war, denn nachdem sie von den anwesenden Bischöfen unterschrieben ist, soll sie auch dem Mainzer, Trierer und andern Bischöfen zur Unterschrift übersandt werden: 'opiscopo Moguntino, Treverensi, Coloniensi.... assensus sui subscriptione dirigi roborandum etc.'

Kirche gehört hatte, auf eine klägliche Weise veräussert, wie eine Slaven-Familie, welche verurtheilt und durch Verkauf in alle Welt zerstreut wird."

Otto hatte unterdessen seine Unternehmungen in Unteritalien gegen die Griechen und die mit ihnen verbündeten Araber begonnen. Er drang siegreich in Calabrien ein, dann aber wurde durch unerwarteten Angriff am 13. Juli 982 sein ganzes Heer vernichtet, er selbst entkam auf fast wunderbare Weise.[1]) Diesem grossen Unglück, dessen Kunde sich schnell durch ganz Europa verbreitete und dessen Folgen bald an den Gränzen des Reiches, besonders im Norden und Osten sichtbar wurden, folgte für den Kaiser ein anderer unersetzlicher Verlust: der Tod seines vertrautesten Freundes, des Herzogs Otto, der der Schlacht glücklich entronnen, auf dem Rückweg nach der Heimath am 1. November zu Lucca starb. Traurig brachten die Seinen den Leichnam nach Aschaffenburg, seiner Lieblingsstiftung.[2]) Dort nahm Willigis ihn in Empfang und liess ihn mit grossen Ehren, unter heftigem Wehklagen der nächsten Angehörigen in der von Otto gegründeten Kirche beisetzen.[3]) Er starb kinderlos, und zwei Herzogthümer waren erledigt.

Die Kunde von der erlittenen Niederlage Ottos erweckte sogleich die alte Liebe und Anhänglichkeit an den Kaiser in Deutschland. Alle Fürsten kamen sofort zusammen und baten ihn schriftlich um die Erlaubniss, ihn sehen zu dürfen.[4]) Gern willigte er ein und berief sie zu einem

---

[1]) Ranke Jahrb. II, 1, 74 ff. 164 ff. Giesebr. Gesch. I, 566ff. Von den zahlreichen Quellen vrgl. besonders vita s. Adalberti 10 P. M. G. IV, 598.

[2]) Dies bezeugen die zahlreichen auf Ottos Bitten ('votum piamque peticionem dilecti Fratruelis nostri, Ottonis scilicet.... sequentes') vom Kaiser erlassenen Schenkungs- oder Bestätigungsurkunden für Aschaffenburg. Vrgl. Guden cod. dipl. I 365 (B. 459), 366 (B. 474 und 497), 348 (B. 505), die erwähnte Urkunde aus Goslar Gud. I, 11 (B. 552), Joh. Spieleg. tabularum veterum 259 (B. 560), Gud. I, 362 (B. 577), und zuletzt vor Ottos Tode die Urkunde vom 1. Oktober 982 aus Capua Gud. I, 364 (B. 600). Vrgl. auch Trith. chron. Hirs. 118. In der Sorge für dieses Stift begegnen sich Otto und Willigis.

[3]) Gerhardi vita S. Udalrici cp. P. M. G. IV, 419: 'Otto autem dux etiam ad Luggam defunctus est; et a suis super montana portatus et usque ad Aschafaburg perductus, cum magno honore et nimia lamentatione ibi terrae commendatus est.' Vrgl. auch Ann. Saxo z. J. 982 (P. M. G. VI, 629), Ann. Hildesh., Lamb., Einsiedl. (P. M. G. III, 143) Herm. Aug. z. J. 982 (P. M. G. V, 117). Den Todestag giebt das necrol. Merseburg. in Höfers Zeitschrift für Archivw. I. 125 u. 132. Necr. Fuldense bei Leib. script III, 765. Dass Willigis die Leiche des befreundeten Mannes in Aschaffenburg in Empfang genommen, wird allerdings durch keine mir bekannten ältern Quellen bezeugt, denn die vita Udalrici, die Ossenbeck anführt, erwähnt Willigis nicht. Trith. chr. Hirs. 123: 'cuius corpus ordinatione Imperatoris in Germaniam relatum a Willigiso Moguntinensium Reverendissimo Archiepiscopo in ecclesia Aschaffenburgensi, quam fundaverat, honorifice sepultum est, praesentibus ibidem Yda matre ac Mechtilde Abbatissa veneranda sorore eius, funus non sine mentis dolore conspicientibus.' Joann. zu Serrar., c. IV. 3 führt ein Epitaphium an, von Regermann im Jahre 1525 verfasst, mit demselben Inhalt. Es wird hinzugefügt, dass auch die Gemahlin Luchardis dort begraben sei. Eine andere Quelle für die Anwesenheit der Mutter, Schwester und des Willigis nennt Leibn. ann. 433. Sehr wahrscheinlich ist, dass Willigis zugegen war, denn schwerlich war er schon nach Italien abgereist. Ueberdies konnten auch Tritheim und Regermann alte, jetzt verloren gegangene Quellen benutzt haben.

[4]) Thietm. III, 14 P. M. G. III, 766: 'omnes nostri principes, comperta tam miserabili fama, conveniunt dolentes, et ut eum sibi liceret videre, per epistolae portitorem unanimi supplicatione poscebant.' Gewiss

Reichstag nach Verona, um dort gemeinschaftlich Berathungen zu pflegen. Alle eilten dorthin, doch zwang ein Angriff der Dänen Herzog Bernhard mitten auf dem Wege zur Umkehr. Im Juni fand sich eine sehr zahlreiche Versammlung in Verona ein (Ann. Sax. z. J. 983, Ann. Magdeb. P. M. G. XVI, 157: 'imperator itaque ad placitum Veronae conventus Saxonum, Francorum, Lotharingiorum, Bawariorum, Italicorum, aliorumque natione, lingua et habitu dissimilium, accursum gloriorissimum habuit'). Die ganze kaiserliche Familie sehen wir vereinigt. Willigis erscheint hier wieder ganz in seiner frühern vertrauten und einflussreichen Stellung.[1] Wir begegnen wieder seiner Verwendung in Urkunden, und er selbst erhält für seine Mainzer Kirche eine bedeutende Schenkung. Wollte man dadurch sich seines mächtigen Beistands in den Verhandlungen des Reichstags versichern? Die Urkunde über jene Schenkung steht in Gud. cod. dipl. I, 12 und ist am 14. Juni zu Verona ausgestellt. Sie bestätigt nicht nur alle Rechte, welche Mainz in Bingen bereits gehabt, sondern fügt auch die hinzu, welche die Kaiser bis dahin dort noch besessen. 'Cum hoc iuris et legis', heisst es in der Einleitung, 'semper apud Reges et Coimperatores, nostros predecessores velut egregium extaret, ecclesias Dei roborare, eisque utilitates quascunque pro loco et tempore sedulo subministrare; itidem etiam apud animum nostrum induximus, omnibus postpositis earum commodis officiosius inservire, ac divinis humana subdendo, primum servitia Dei amplius et amplius sublevare: deinde sic promerendo, Regni nostri statum prolixius sustentare.' Bezeichnend ist dann die Stelle: „Cum nimirum petitioni (Willigisi) quatenus assensus fieret, liberalitas ipsius que erga nos nostraque omnia, devota semper extabat, secundum quod voluit, impetrata recepit. Ad hec Domine et venerande matris Adelheidis, rogatu, ac Theophanu dilecte nostre consortis interventu, nec non Archiepiscopo Giselbero, et Theoderico Metensi Episcopo supplicantibus.' Eine andere Urkunde vom 17. Juni (Falke codex traditionum Corbeiensium 719, Schaten ann. Paderborn. I, 325), die dem Kloster Corvei den von König Ludwig ihm geschenkten Ort Ponteburg nebst Zehnten im Ammergau restituirt, ist ausgestellt: 'ob petitionem dilectae contectalis nostrae Theophanu ... et interventum fidelium nostrorum Willigisi ... et Giselbarii ...' Auch auf dem Reichstage finden wir Willigis thätig. Wir lesen seinen Namen in dem Protokol über die Er-

---

ist das der Ausdruck aufrichtiger Gesinnung. Gfrörer ist anderer Meinung. Er sagt zu dieser Stelle (Kirchengesch. 1407): „Man weiss aus neuern Beispielen, wie wohlfeil und leichten Gewichtes solche dem Namen nach freiwillige Ergebenheits-Erklärungen sind, und dass sie gewöhnlich dargebracht werden, weil man sie von oben herab wünscht. Ich fürchte, es sei im vorliegenden Fall nicht anders gewesen; denn was der Kaiser hauptsächlich verlangte, nämlich bewaffnete Hülfe, haben ihm die Stände nicht geleistet."

[1] Leibniz erwähnt in den Ann. 437 eine Urkunde der Kaiserin Adelheid, 'quo monasterio S. Fructuosi prope Ianuam insignem donationem fecisse fertur, ob filium, a periculo liberatum'. Er hält die Urkunde für ächt, doch erregen die Zeitbestimmungen und die unterschriebenen Zeugen (signum manuum Willigisi Mog. arch. etc.) Anstoss. Die in ihr enthaltene Schenkung ist 'pro anima.... Othonis imperatoris viri sui seu mercede et pro fomento filii sui Karoli [legendum Othonis] quem dominus Deus et salvator noster Iesus Christus reddidit ipsi [sibi] de fluctibus maris turbidi vivum et sospitem etc'. Die Rettung Ottos aus dem Wasser und die Unterschrift des Willigis weist vielleicht auf die Zeit des Reichstags zu Verona hin.

neuerung der alten Verträge mit Venedig (s. Pertz Mon. Germ. Leg. II, 35, wo es unter dem Titel 'securitas Venetorum prestita per Ottonem imperatorem' steht). Der Erzbischof weiht den 29. Juni 983 am Peter und Paulstage Adalbert, den neu erwählten Bischof von Prag, der mit einer böhmischen Gesandtschaft nach Verona gekommen war, die Belehnung mit Ring und Stab aus den Händen des Kaisers und die kirchliche Weihe von seinem Metropoliten zu empfangen. (J. Canaparii vita s. Adalberti ep. P. M. G. IV. 584. Bruno vita Adalb. ep. 7 P. M. G. 597. Cosmae chron. Boemorum I, 26 P. M. G. IX, 51). Gewiss betheiligte er sich aber ganz besonders an der Wahl des kleinen dreijährigen Otto zum König und Nachfolger Ottos II. Einstimmig erkoren denselben Deutsche und Italiener zu ihrem Herrn.[1]) Nachdem auch die übrigen Geschäfte: Verleihung des Herzogthums Baiern an den aus der Verbannung zurückgerufenen Heinrich von Kärnthen (Thietm. III, 14, ann. Hildesh., Herm. Aug. Chr.), des Herzogthums Schwaben an Conrad (Herm. Aug.) und Besprechung neuer Kriegsrüstungen gegen die Griechen und Araber, erledigt waren, wurde zu Ende Juni die Versammlung entlassen. Die deutschen Fürsten, nachdem sie dem Kaiser das letzte Lebewohl gesagt (ultimum vale dicentes), zogen über die Alpen nach der Heimath zurück. Ihrem Schutz war der kleine neu erwählte König anvertraut, den die Erzbischöfe Willigis und Johannes von Ravenna in Achen krönen sollten. Die sächsischen Grossen mussten eilen, denn ein furchtbarer Aufstand der Slaven war am 29. Juni losgebrochen (L. Giesebrecht: Wendische Geschichten I, 264 ff. Thietm. III, 10). Die übrigen begleiteten Otto zur alten Krönungsstadt.

Dort wird der neu erwählte kleine dreijährige König von Willigis und Johannes gesalbt und gekrönt. 'Huius inclita proles, natu sibi (Ottoni II) in silva, quae Ketil[2]) vocatur, in die proximi natalis Domini ab Johanne archiepiscopo Ravennate et a Willigiso Magociacense in regem consecratur Aquisgrani.' So erzählt Thietm. III, 15 (P. M. G. III, 767). Anders die Ann. Hildesh., Quedlinb., Lamberti z. J. 984 (P. M. G. III, 64 und 65). Sie erwähnen nur Johannes: 'Filiolus imperatoris, tertius videlicet Otto, per unctionem Johannis, Ravennatis archiepiscopi Aquisgrani in die natalis Domini unctus est in regem.' Dasselbe berichtet die vita Meinwerci ep. 4 (P. M. G. XI, 108): 'unctione Johannis Rav. archiep. Aquisgrani rex consecratus'. Wolfher dagegen in der vita prior Godehardi ep. 24 (P. M. G. XI, 185) nennt bloss Willigis, der Otto geweiht habe ('Willigiso consecrante') Die ann. Ottenburani z. J. 984 endlich (P. M. G. V, 5) und ann. Colonienses P. M. G. I, 99 erwähnen keinen von beiden. Schaten ann. Paderborn. 328 behauptet ohne beweisende Gründe, die Mainzer und Cölner Erzbischöfe hätten Otto III nach Achen geführt, wo er von Joh. von Ravenna gesalbt und gekrönt worden wäre. Dieser hätte den Vorrang gehabt;

---

[1]) 'Et filius imperatoris ab omnibus in dominum eligitur' Thietm. III, 14. Gegen diese Quelle kann die Notiz im Chron. S. Michaelis: 'Hic. — Otto III — cum in electione sua multos haberet principes contradictores' (Luden teutsche Gesch. VII, 571) von keinem Belang sein.

[2]) Ueber diesen Kotilwald s. Roger Wilmans in Rankes Jahrb. II, 2. 2 und die Anm. in Pertz. Vrgl. dazu Ballenstedt Gesch. der Stadt Scheningen 22.

er wäre zu dem Zweck von Otto II nach Achen gesandt worden. Leibn. ann. 455 meint, dass Ecbert von Trier und Warinus von Köln an dem Krönungsakt ebenfalls sich betheiligt hätten, dass aber Johannes von Ravenna als päbstlicher Legat bei derselben die erste, Willigis die zweite Stelle eingenommen habe.[1] Dieser Ansicht entsprechen nicht die Angaben der Quellen. Johannes finde ich nirgends als päbstlichen Legaten erwähnt; er vertrat nur den italienischen Theil des ottonischen Reichs, wie Willigis den deutschen. Wie Otto von den Fürsten beider Länder gemeinschaftlich als ihr König erwählt wurde, so sollten auch, um die Zusammengehörigkeit der Länder zu einem Reich zu bezeichnen, die bedeutendsten geistlichen Würdenträger beider Länder ihn gemeinschaftlich krönen.[2] Wenn in den angeführten Quellen immer nur von der unctio, der Salbung Ottos III durch Johannes gesprochen wird, so kann man dies vielleicht so deuten, dass er den König gesalbt und geweiht, Willigis ihm aber die Krone aufgesetzt habe. Salbung und Krönung sind zwei besondere Handlungen, die allerdings in einer Person vereinigt werden können und wohl auch in der Regel vereinigt waren,[3] die aber z. B. bei Ottos I Krönung getrennt sind. Dort setzt, nachdem der Erzbischof von Mainz die andern Krönungsfeierlichkeiten vorgenommen, der Erzbischof von Köln mit ihm dem König die Krone aufs Haupt ('coronatus (Otto) diademate aureo ab ipsis pontificibus Hildiberhto et Wicfrido (Coloniensi),' Widuk. a. g. O.) So wird Otto II von den drei Erzbischöfen vereint gesalbt und gekrönt (Ruotg. a. g. O.). Jener Krönung Ottos III nun durch Johannes und Willigis steht scheinbar die Erzählung in Cosmae chron. Boemorum 28 P. M. G. IX, 52, entgegen. Da steht: 'Anno dominicae incarnationis 984 obiit Romae caesar Otto secundus. Huic imperatori Adalbertus praesul Pragensis adeo fuit familiaris et carus obsequiis, ut in Pascha Domini, quod celebravit rex Aquisgrani in palatio coram omnibus episcopis hac eum officii celsitudine sublimaret quo sibi coronam imponeret et maiorem missam celebraret, quod solum

---

[1] Von der Betheiligung der Erzbischöfe von Trier und Cöln wird nichts erwähnt. Schon bei der Krönung Ottos I fungirte hauptsächlich der Erzbischof von Mainz, allerdings weil damals die Erzbischöfe von Trier und Cöln sich nicht einigen konnten — jener beanspruchte den Krönungsakt wegen des höhern Alters seines Stuhls, dieser weil Achen zu seinem Sprengel gehöre — und schliesslich die Ehre Hildibert von Mainz als dem würdigsten abtraten (Widuk. II, 1 P. M. G. III, 437 und 438). Vrgl. auch Magn. chron. Belgic. bei Pistor. III, 83. An der Krönung Ottos II betheiligten sich die drei Erzbischöfe von Cöln, Trier und Mainz (Ruotger v. Brunonis 41, P. M. G. IV, 270). Leibniz meint nun, das Alter des betreffenden Erzbischofs habe entschieden, so hier für Willigis, allerdings als zweiten nach Joh. von Ravenna. Der Erzbischof von Mainz hatte aber schon als Metropolit von Deutschland den entschiedenen Vorrang, und dies wird ausdrücklich bezeugt in Lamberti ann. a. J. 1073 (P. M. G. V, 204): 'Archiepiscopus Moguntinus, cui potissimum propter primatum Mogontinae sedis eligendi et consecrandi regis auctoritas deferebatur'.

[2] Le Bret Gesch. von Ital. I, 512 erklärt sich auch gegen die alleinige Krönung durch den Erzbischof von Ravenna.

[3] So in Willigis bei der Krönung Heinrichs II. Mar. Scottus z. J. 1002 P. M. G. V, 555: 'consecrando in regem coronatur', Ann. Quedl. P. M. G. III, 78: 'a Willigiso unctione coronatur'. Heinrichs Gemahlin 'Cunegundis benedictionem et coronam a Willigiso suscepit' (Thietm. 796). Nur die ann. Ottenb. (P. M. G. V, 5): 'Henricus dux Baioariorum a Willigiso archiepiscopo in regem unctus est'. Vrgl. auch ann. Dissib. bei Böhmer font. rer. Germ. III, 179, Thangm. v. Bernw. 38, P. M. G. IV, 775.

fas erat ut archiepiscopus faceret.' Adalbert war erstlich nicht der Freund Ottos II, sondern seines Sohnes (s. Canaparii v. Adalb. 22 P. M. G. IV, 591. Brun. vita sanc. Adalb. 20 P. M. G. IV, 605); dann würde auch die Zeitrechnung nicht passen auf die Krönung des kleinen Otto. Man kann dieselbe, wenn sie überhaupt historischen Grund hat, nur auf eine spätere Zeit beziehen, vielleicht auf April 995, wo allerdings Otto III in Achen war (Böhmer reg. 746). Vrgl. Köpke zu der Stelle des Cosmas Note 55. Es war Sitte der Kaiser, bei festlichen Gelegenheiten gekrönt zu erscheinen, und dies könnte gemeint sein. So wird Heinrich II im Juli 1002 in Merseburg gekrönt, nachdem die eigentliche Königskrönung am 6. Juni in Mainz geschehen war (Adalboldi v. Hejnr. II imp. 10 P. M. G. IV, 86. Vrgl. auch c. 12 und 36). Dasselbe wird von Conrad II berichtet Ann. Sangellenses maiores z. J. 1034 P. M. G. I, 83. S. Giesebr. Gesch. der deutschen Kaiserzeit II, 543.

Nachdem wir so Willigis in seinen Beziehungen zu Otto I und II bis zu des Letztern Tode begleitet haben, möge uns ein Rückblick auf seine übrige Wirksamkeit verstattet sein. Nur geringe Kunde ist davon erhalten, doch dies können wir ersehen, dass er mit grossem Eifer bemüht ist, überall das kirchliche Leben zu fördern. Er gründet neue Kirchen, baut zerstörte Klöster auf, stattet verarmte mit reichlichen Schenkungen aus, belebt Kunst und Wissenschaft, und überwacht — ein würdiger Schüler Bruns — mit ganz besonderer Sorgfalt die Schulen und den Unterricht. Hierüber hat uns ein merkwürdiges Aktenstück Guden im cod. dipl. I, 352—358 aufbewahrt; es nimmt unser Interesse um so mehr in Anspruch, als es von Guden die einzige Urkunde genannt wird, die von Willigis — natürlich ausser den von ihm als Kanzler ausgestellten Urkunden — erhalten sei. Sie enthält das Protokol über die Verhandlungen einer Synode, die Willigis mit mehreren Suffraganbischöfen am 28. April 976 zu Mainz abhielt.[1]) Der Anfang lautet so: 'In nomine patris et filii et spiritus sancti. Ego Willigisus Moguntiacensis Archiepiscopus. Si peccata gravioris Culpe graviori Ultione puniantur; ex hoc nimirum sanctorum Canonum auctoritas in suo rigore permanebit, et sancta Dei Ecclesia in nomine Domini congregata liberius ab incursione malignantium continua pace gaudebit. Notum facimus ergo universis presentibus et futuris Xpi fidelibus etc.' Nach diesem Eingang folgt zunächst die Angabe, weshalb die Synode zusammenberufen wurde. Alemarus nämlich, der Secundarius[2]) und Substitut Herwards, eines königlichen Notarius und Schulvorstehers (didascalus) an der Aschaffenburger Kirche, hatte, von diesem beauftragt, einen Stiftsschüler (Scolarem Canonicum) zu sich in das Haus beschieden. Dies reizte den Cantor[3]) Guzmarus, den Verwandten des Schülers, dergestalt zum Zorn, dass er

---

[1]) Köpke in einer Anmerkung zu Cosmae chron. Boemorum II, 21 (P. M. G. IX, 80 No. 11) setzt sie ins Jahr 974, aus welchem Grunde, weiss ich nicht.

[2]) 'Qui secundum locum habet' (Du Fresne.)

[3]) 'Qui scholae cantorum praeest in Ecclesia, et, ut aiunt, aliis cantoribus cantum imponit: Qui chorum regit.' (Du Fresne.)

Alemarus verfolgte, um ihn zu schlagen.¹) Als er aber zum Schlag ausholte, lief ihm der Knabe in die Arme, fing den Schlag auf und blieb auf der Stelle todt. Wüthend setzten nun Gozmar, sein Vater der Custos der Kirche und viele ihnen blutsverwandte Geistliche dem Alemarus nach und belagerten ihn förmlich in einem Thurm der Kirche, wohin er sich geflüchtet, bis ihn Graf Meingotus am folgenden Tag befreite, die Verfolger gefangen nahm²) und die Sache berichtete. Kaiser Otto sandte Herward desbalb an den Pabst, und dieser bevollmächtigte Willigis, über die Sache zu richten.³) Unterstützt durch den Rath und die Zustimmung der beisitzenden Bischöfe von Speier, Worms, Prag und Mähren setzt der Erzbischof den Cantor Gozmar wegen offenbaren Todtschlags ab und sendet ihn, nachdem er die Tonsur erhalten, in das Kloster Neustadt (in der Diöcese Würzburg) 'ad poenitentiam.

Es folgen nun verschiedene Bestimmungen, die Verhältnisse der Aschaffenburger Kirche und die Rechte der dortigen Schule betreffend. So sollen bis zum sechsten Verwandtschaftsgrad nicht mehr als drei Verwandte Cleriker zu gleicher Zeit dort sein. Der Magister bestreitet aus seinen Einkünften (de prebendis) den Stiftsschülern die Kleidung.⁴) Ist der Knabe aber verwaist oder mittellos, so erhält jener, um auch die übrigen Lebensbedürfnisse des Schülers bestreiten zu können, jährlich fünf Solidi. Weiter wird von dem Unterricht gesprochen, von der Erlaubniss, die Schule zu besuchen, von den fremden Klerikern (hospites), von der Bestrafung. Niemand darf gegen den Willen des Magisters einen Schüler züchtigen ('ad correptionem scolarium manum extendat'), ausgenommen der cantor, 'dum Cantum hesternum recitant.' Der Magister nimmt eine bevorzugte und exceptionelle Stellung ein, man ist ihm besondere Achtung schuldig, er ist nicht an den regelmässigen Kirchendienst gebunden. 'Hec omnia,' schliesst dann die Urkunde, 'ad honorem Dei, et ad perpetuam Pacem Ascafaburgensis Ecclesie, in nomine Patris, et Filii, et Spiritus sancti, auctoritate Episcopali, et officii nostri potestate, Banunque episcopali, tam invariabiliter atque inmutabiliter statuimus; et Sigilli nostri impressione signavimus; ut, quotiens aliquis inposterum contra hoc facere presumpserit, Bannum Episcopo, consuetam pecuniam Dydascalo, pro his que ad ipsam pertinent, componat; et Ecclesia, canonica cum pena districtius corrigere nullatenus omittat; ut iterum omnia, iuxta pristinam institutionem, intemerata permaneant.

Data IV. Kal. Maii. Anno Dominice incarnationis DCCCCLXXVI. Actum Moguntie in nomine Domini. Amen.'

---

¹) 'Attramentali tabula, quam de manu pueri traxit', steht da. Das attram. tab. ist mir unverständlich.

²) 'Et milites, pro honore Dei et Nostro, quasi vir ecclesiasticus captivavit'.

³) 'Qui nobis sua precepit auctoritate, ut novo morbo nova remedia, et posteris memorabilia quereremus'.

⁴) Nämlich 'cappam, pelles et Pellicium de ovibus, Caligas et Sutulares.' Letzteres sind nach Du Fresne 'genus calceamentorum, solea, planta; ima pars, scilicet pedis medietas'.

Von Willigises anderweitigen wissenschaftlichen Bestrebungen ist nirgends die Rede, obschon man annehmen kann, dass er sich dem grossen und allgemeinen Interesse, das damals für die Wissenschaften erwacht war, nicht verschlossen haben wird. Freilich hat die Litteratur, wie Wattenbach bemerkt, in Mainz nie recht gedeihen wollen, obgleich, fügt er aber hinzu, „Willigis und seine Nachfolger hinter ihren Zeitgenossen nicht zurückstanden." (Wattenb. Deutschl. Geschichtsqu. p. 269.) Dass er auf Vermehrung der Büchersammlung bedacht war, beweisst ein Codex des Augustin, der auf seinen Befehl um 1000 angefertigt wurde. Es waren in ihm auch dem Prolog der Bücher de Civit. Dei die Verse eingeschaltet:

> Hoc sunt nudeni bis quippe volumine libri,
> Precipuus doctor, quos Augustinus et auctor
> Ediderat primus, divino flamine plenus:
> Hos presul summus, nec honore minore colendus
> Willisus theca conscribi iussit in ista,
> Ipseque eum propriis emendans cautus alumnis
> Servicio Saucti Martini iure perenni
> Tradidit hoc pacto, viventem ut denique libro
> Deletus pereat, si quis hinc tollere temptet
> Hos codices unquam, iustamque Dei incidat iram.
> Amen.

(Vrgl. Werner der Dom zu Mainz I, 351.)

Ganz besonders aber hat Willigis mit unermüdlichem Eifer überall Kirchen und Klöster gegründet, ihren Bau befördert, und es wird in den alten Quellen grade dieses Verdienst ganz besonders hervorgehoben.[1]) Die Zahl derer, von denen uns Kunde erhalten ist, lässt auf eine beträchtliche Menge kirchlicher und anderer Bauten schliessen. So bezeichnet eine der ersten seiner Amtshandlungen ('volens devotionis sue primitias Deo offerri'), die noch im Jahre 975 erfolgte Wiederherstellung des alten Klosters Dissibodenberg. Dieses, süd-westlich von Kreuznach am Zusammenfluss der Nahe und des Glaus nicht weit von Sobernheim höchst anmuthig gelegen,[2]) war angeblich von dem heiligen Dysibod[3]) gegründet und mit Benediktinermönchen bevölkert

---

[1]) 'Piorum locorum benefactor fuit liberalissimus', sagt Latomus bei Mencken III, 478. Guden hist. Erfurt. I, § V, p. 18. 'Hic multas aedes sacras erexit'. Ueber die Geistlichen als Bauherrn vrgl. Schnaase Gesch. der bildenden Künste im Mittelalt. IV, 2 p. 34 ff. und 504.

[2]) Böhmer font. rer. Germ. III, XI giebt eine getreue und schöne Schilderung der Lage des Klosters und der jetzigen Gestalt seiner Ruinen.

[3]) 'Iste vir Sanctus claruit circa tempora Mauritii Imperatoris in Hibernia Insula, et pro vitae merito Episcopatus mitra decoratus fuit. Qui contumeliis suorum provocatus natale solum deseruit: et pro Christi amore peregrinationis arduum laborem assumpsit. Tandem ordinante Domino venit in Germaniam ad Dioe-

worden (cf. Trith. chron. Hirs. z. J. 1108 und 1138, p. 345 und 405; ann. Dissibodenbergenses z. J. 1143 Böhm. font. rer. Germ. III, 211). Mit der Zeit mag das Kloster verfallen ('nimia antiquitate collapsum') und entartet sein. Dann erfuhr es eine harte Behandlung von Erzbischof Hatto (968–970), der es fast ganz zerstörte und die Mönche vertrieb. Unter seinem Nachfolger Rupert blieb es wüste liegen, erst Willigis nahm sich seiner wieder an. Er reiste selbst zum Kloster hin, bestieg den Hügel, worauf es stand, und da er den Ort gänzlich verödet, den Gottesdienst vernachlässigt und verfallen sah, erfasste Mitleid sein Herz, er liess eine Kirche daselbst erbauen, in ihr die Gebeine des heiligen Dysibod niederlegen, stellte das Kloster wieder her und bevölkerte es mit neuen Klostergeistlichen und zwar anfangs nur mit zwölf Kanonikern, das einfachfromme Leben der ersten Bewohner wieder herzustellen möglichst bemüht. Er verlieh ihm Güter und Besitzungen in Sobernheim, und bestimmte unter anderm, dass die Wiederherstellung der Kirche und die Erhaltung des Dachs von den umliegenden Ortschaften bestritten werden sollte: von Odernheim sollte der rechte, von Studernheim der linke Theil des Sanctuariums gedeckt werden, von Boys das übrige u. s. w. In dem waldigen Bergland, das sich längs dem rechten Naheufer hinzieht, liess Willigis nach Ausrottung der Wälder drei Kirchen: Bollenbach, Hundisbach und Merckenbach erbauen und dem h. Dysibod unterordnen. Auch auf dem andern Ufer der Nahe, in dem Walde, welcher Sone genannt wurde, erwarb er von einem Geistlichen, Namens Wizelinus, eine Hufe Landes, erbaute und weihte in dem Gränzbezirk der villa Monzecho eine Kirche, die er Gehinkirche nannte, stattete sie reichlich aus und schenkte Alles ebenfalls dem h. Dysibod. Da diese Sorge des Willigis für Dissibodenberg in der Urkunde eine der Erstlingshandlungen des Erzbischofs genannt wird, so kann man die Reise dorthin in die erste Hälfte des Jahres 975 verlegen.¹)

ecsim videlicet Moguntinam, et in comitatu Spanheimensi vitam duxit cremiticam haud procul ab oppido Sobernheim in eo loco ubi Nahus, et Glanus duo parva flumina confluunt duobus a Stauranesio Milliaribus. Qui tandem inter fruteta repertus a pastoribus paulatim coepit frequentari: quorum adiutorio Coenobium in pede montis constituit, in quo Monachos de Regula S. Benedicti, qui paulo ante obierat collocavit; in quo et postea moriens sepultus fuit' (Trith. p. 405). Die Geschichte des h. Dysibod ist wieder ein recht bezeichnendes Beispiel für die Legendenbildung des Mittelalters. Im Anfang des zwölften Jahrhunderts hat man noch nichts von seiner Geschichte gewusst; da schrieb, nach angeblichen Visionen, die Nonne Hildegard sie auf. Diese, die, durch Frömmigkeit, ausserordentliche Gelehrsamkeit und Sehergabe gleich berühmt, mit den ersten Männern und Frauen ihrer Zeit, wie mit den Kaisern Conrad III, Friedrich I, mit den Päbsten Eugen III, Alexander III, dem heiligen Bernhard, mit fast allen Prälaten und Aebtissinnen in Briefwechsel stand, war im nahen Städtchen Böckelheim von vornehmen Eltern geboren, wurde auf dem Dissibodenberg von der heiligen Jutta erzogen, und starb auf dem Rupertsberg bei Bingen als Aebtissin des dortigen Klosters 1178, 82 Jahr alt. 'In occultis revelationibus suis magna, et ardua didicit, et multa secreta caelestia, partim Latino, partim vero Theutonico sermone scripsit,' sagt von ihr Tritheim p. 422. Vrgl. auch Wattenbach 340 und 412, Werner der Dom von Mainz 1, 569. Guden Cod. dipl. I, 229.

Die eigentlich historische Geschichte des Klosters beginnt erst mit dem Jahre 975, wo in den ann. Dissibodenb. dasselbe zuerst erwähnt wird.

¹) Ann. Dissib. z. J. 975 (Böhm. 178): 'restauravit quoque (Willigisus) divinum officium in monte sancti Dysibodi cum canonicis, quod Hatto precessor eius vel huius Ruperti archiepiscopi destruxit, expulsis inde monachis. Vrgl. auch ann. Diss. z. J. 1138. Trith. p. 405. Die Hauptstelle ist in einer Urkunde des

Auch andere Kirchenbauten stammen aus den nächsten Jahren. So wird uns aus dem Jahre 976 — Tritheim Chr. Hirs. 121 nennt das Jahr 978 — gemeldet, dass er der Kirche und dem Kloster des heiligen Viktor ausserhalb der Mauern von Mainz besondere Sorgfalt zuwandte. Die Stiftung war sehr alt, sie bestand bereits zu den Zeiten des Bonifazius. Dort lebte Willibaldus Presbyter, der Biograph des Apostels der Deutschen, unter dessen Schüler und Nachfolger Lullus. So berichtet der Presbyter Moguntinus, der um 1036 ebenfalls ein Leben des h. Bonifazius verfasste (P. M. G. II, 357, vrgl. Wattenbach 270). 'Supra dicta autem sancti Victoris ecclesia', führt er fort: 'extra murum Mogontiae sita, et a succedentibus episcopis honorabiliter adaucta refertur. Lullus enim et Rabanus illic vacabant orationibus.' Doch war die Stiftung verarmt oder trotz der Begünstigungen der Erzbischöfe waren ihre Mittel gering. Eine neue Zeit für dieselbe erschien, als Willigis den Burchard, später Bischof von Worms, zum Präpositus (Probst) derselben machte.¹) Beide vereinten ihre Bemühungen, den Ort zu heben, gründeten ein neues Kloster und Stift von zwanzig Kanonikern und wandten ihm bedeutende Besitzungen zu.²) So schenkt Otto III in einer

---

Erzbischofs Adalbert von Mainz (1111—1137) vom Jahr 1127, worin dieser die von seinem Vorgänger dem Kloster verliehenen Besitzungen und Schenkungen bestätigt. (Gud. cod. dipl. I, 68 ff.) Als der erste und grösste Wohlthäter wird Willigis genannt. Es heisst in ihr: „Inter quos Reverendissimus Willegisus Archiepiscopus, omnipotentis Dei nutu, cuius misericordie non est numerus, inspiratus, volens devotionis sue qualescumque primitias Deo offerri, prefati Confessoris (Dysibodi) Montem, quia tempus miserendi eius instabat, conscendit; et cum locum penitus desolatum, et omnem divinum cultum inibi in neglectum venisse conspexisset, pietatis visceribus motus, ecclesiam ibi fundari et exstrui precepit; Et, qui religiosorum Monachorum funditus nequibat restaurare, duodecim tantum Clericos sub canonica ibi constituit condicione; ratum quippe volens, si umquam locus aut facultas suppeteret, priorem vitam, quam prefatus Patronus in primordio inchoaverat, ex integro se velle restaurare'. Dann folgt die Aufzählung der Schenkungen. Auch Hildegard in S. Dysibodi vita sagt: 'in honorem duodecim Apostolorum ibidem duodecim clericos instituit'. Das Kloster erfreute sich dann grosser Begünstigungen und reichlicher Schenkungen, so von Cuno von Böckilinheim, besonders aber von Seiten der Mainzer Erzbischöfe. Die genannte Urkunde führt namentlich noch an: Lupoldus, Sigefridus, Ruthardus. Letzterer (1088—1109) bedachte aber das damals sehr heruntergekommene Kloster (nach Trith. 345 war es von einem Mainzer Erzbischof (Wezilo?) seiner Güter beraubt worden) nicht nur mit äussern Gütern, sondern führte auch innere nothwendige Reformen ein, so dass er das Kloster gleichsam neu begründete. S. seine Urkunde v. J. 1108 (Gud. cod. dipl. I, 37), in der auch des frühern Neubegründers Willigis Erwähnung geschieht. Weiter zeigt sich Erzbischof Adelbert I von Saarbrücken dem Kloster geneigt, vrgl. die Urkunde v. J. 1118, Gud. c. d. 44 und die schon erwähnte v. J. 1127. Auch Erzbischof Heiurich I (1142—1153) in einer Urkunde v. J. 1143 (Gud. c. d. I, 135) und in einer spätern v. J. 1147 (Gud. 183) beschäftigt sich mit den Angelegenheiten des Klosters. Auch Willigis wird hier wieder genannt. Vrgl. ferner die Urkunde des Erzbischofs Conrad I von Wittelsbach (Gud. 296). Gerhard I (1251—59) setzt Cisterzienser-Mönche ein (Guden 664).

¹) Ueber Stellung und Amt des Praepositus vrgl. Walter deutsche Rechtsgeschichte p. 93, vrgl. auch 306, Eichhorn deutsche Rechtsgeschichte I, 430.

²) Vita Burchardi episcopi 2 P. M. G. IV, 833: 'ab archiepiscopo .... loco cuidam pauperrimo praepositus est. Hunc ergo locum, archiepiscopo adiuvante, summo nisu statim adauxit totisque viribus decoravit. Nam egregium monasterium simul et claustrum canonicorum in honore sancti Victoris ibidem construxit.' Vita S. Bonifacii (P. M. G. II, 357): 'Willigisus autem beatae memoriae pater, mediante domino Burchardo camerario urbis et praeposito sancti Victoris, supremam eidem ecclesiae, divina gratia inspirante, imposuit manum etc.'

Urkunde vom 17. Juli 997 (B. 799), ausgestellt in Mühlhausen, der St. Viktorskirche 'ob interventum dilecte sororis nostre Sophie, nec non — — Willigisi Mogontinensis Archiepiscopi' Güter in Thüringen.[1]) Besonders freigebig zeigte sich Burchard. 'Praedia' sagt sein Biograph (v. Burch. a. g. O.) 'et mancipia multa, quae vel traditione parentum vel donativo regio[2]) acquisierat huic ecclesiae in proprium contolerat.' Am Tage des h. Bonifazius den 5. Juni wurde die neue Stiftung in Gegenwart des jungen Kaisers eingeweiht. (vita S. Bonif. a. g. O.) Dies wird im Jahre 994 gewesen sein. Damals war Otto III am 9. Mai in Frankfurt, wie eine daselbst ausgestellte Urkunde bezeugt. (vrgl. Würdtwein Dioc. Mogunt. in archidiaconatus distincta II 418 B. 731). Vom 6. Juli aber datirt eine Urkunde aus Mainz (Harenberg hist. eccl. Gandersh. 625 (B. 732), so dass wir annehmen können, dass Otto längere Zeit in Frankfurt und besonders in Mainz verlebte. Während dieses Aufenthaltes mag er auch Burchard kennen gelernt und lieb gewonnen haben, wovon uns die vita Burch. a. g. O. erzählt; er schenkt ihm kurze Zeit darauf zu Sulogun (in Schwaben) den unten erwähnten Mansus zu Fiermenna. Die ganze kaiserliche Familie scheint damals in Mainz versammelt gewesen zu sein und die Kircheinweihung durch ihre Gegenwart verherrlicht zu haben; denn in der Gandersheimer Urkunde wird auch Kaiserin Adelheid und die Schwester Sophie, Nonne zu Gandersheim, erwähnt.

Das bedeutendste und berühmteste Baudenkmal des Willigis ist aber die Kirche des heiligen Martin. Vorher bestand eine solche Kirche als Kathedralkirche, wie dies unter anderm die beiden oben augeführten Urkunden bei Gudeu cod. dipl. I 358: 'ad ecclesiam Sci Martini ubi Sedes episcopalis est' und I, 12, 1, 367 bezeugen (Vrgl. auch Werner I 236). Da begann Willigis eine neue Kirche auf der Stelle, wo jetzt der Dom steht, bald nach dem Autritt seines Archiepiskopats. Als gewöhnliche Zeit wird 978 augegeben; so hat Tritheim p. 120, während die ann. Wirciburgenses P. M. G. II, 242 das Jahr 977 nennen, in welchem freilich nach ihnen auch Willigis erst Erzbischof wird[3]). Bis zum Jahre 1009 wurde an dieser Kirche gebaut; Willigis suchte ihr alle möglichen Vortheile zu verschaffen und ihre Besitzungen zu vermehren. Auf seine Verwendung erhielt sie eine Reihe von Schenkungen von den Kaisern. Wir haben bereits von den 977 und 983 ausgestellten Urkunden Ottos II. gesprochen (God. cod. dipl. I, 358 und 13). Dazu kommt die Restituirung des früher schon besessenen Hofes Nierstein im Wormsgau durch Otto III.,

---

[1]) Guden cod. dipl. IV, 842: 'donamus tale predium, quale habuimus in villis infra scriptis in Heiligenmarcha, in Grabaha, in Merchesleba, in Vrenlebo, in Cornere, in Mellere, in Amberon, in Aldenguberenо, et in pago Westergovve et in pago Vatergovve sitis et in Comitata Wiggeri Comitis.' Vrgl. auch vita S. Bonifacii a. g. O. Zum Andenken an diese Wohlthat mussten die Viktorenser alljährlich bis zu den letzten Zeiten am Festtag des heiligen Willigis dem Hochamt zu St. Stephan beiwohnen (Werner der Dom von Mainz I, 499).

[2]) Dies wird sich auf die Urkunde vom 27. September 994 beziehen, in der dem Kleriker Burchard ein Mansus zu Fiermenne im Hessengau von Otto III. geschenkt wird. Schannat hist. Worm 32 (B. 734).

[3]) 'Ruobbertus archiepiscopus Mogontiacensis obiit ann. 4 10 mens. Pro quo constituitur Willigisus, qui in primis coepit aedificare Monasterium Sancti Martini.' Trith. p. 120: 'His etiam temporibus Willegisus maiorem Ecclesiam de Domo S. Martini novam à fuudamentis pulchro tabulato lapideo pretiosissimo exstruere coepit.' Vrgl. auch p. 442.

S. Urkunde vom 24. November 994 Gud. c. d. I, 367 (B. 740). Am 6. November 996 schenkt der Kaiser ihr einen Wald an der Murg (Guden c. d I 14 (B. 786)[1]). Von einer andern Besitzerwerbung berichtet Marianus Scottus z. J. 987 P. M. G. V 555. Willigis weihte in diesem Jahre auf Bitten des Grafen Wigerus eine Kirche in Turnilau oder Dorla[2]) ein. Diese Kirche kam mit allen Besitzungen des Grafen in jenen Marken nach seinem Tode als Geschenk demselben an den h. Martin und den Mainzer Erzbischof. Nachdem die Kirche 'maximo decoris studio,' wie die Quedlinburger Annalen erzählen, erbaut worden war, sollte sie im Jahre 1009 eingeweiht werden. Da brach am Tage der Weihe am 29. August Feuer in der Kirche aus, nach Werners Behauptung (I, 239), durch Erleuchtung der Kirche, wobei man so unvorsichtig gewesen war, dass das Dachwerk Feuer fing. Die Kirche mit allen anstossenden Gebäuden brannte nieder. Vergl. Ann. Quedlinb. z. J. 1009 P. M. G. III, 80: 'Monguntiae quoque basilica nova cum omnibus aedificiis cohaerentibus miserabiliter consumitur igne, sola veteri ecclesia remanente, 4 Calend. Septembris, feria secunda, luna 6.' Lamb. ann. sagen, dass die Kirche (ecclesia maior) abgebrannt sei 'ipso die consecrationis suae.' Ann. Hildesh. z. J. 1009 P. M. G. III, 93 geben den 30. August an: 'Monasterium quoque Mogonciacense praetitulatum divino honore et reliquiis beati Martini futura consecratione, constructum a Willigiso archiepiscopo maximo decoris studio 3. Cal. Septembris miserabili periit incendio.' Auch die vita Meinwerci 14 P. M. G. XI, 114 nennt den 30. August, verlegt aber den Brand kurz vor Willigisens Tod. Vrgl. ann. Einsiedl. 1009 P. M. G. III, 144. Sofort begann Willigis den Neubau (Serrar.), doch wurde er erst unter Erzbischof Bardo ganz vollendet und am 10. November 1036[3]) die Kirche eingeweiht, in Gegenwart Kaiser Konrads II, seines Sohnes Heinrich und ihrer Gemahlinnen. (Mar. Scottus z. J. 1037 P. M. G. V, 557 Vita S. Bardonis Archiepiscopi Moguntini brevier auctore Vulcaldo bei Böhm. font. rer. Germ. III, 253 und in P. M. G. XI, 321, Werner I, 526. Schnaase IV, 2, 104.)

Da wir auch über das Jahr 983 hinaus das Schicksal des Dombaus unter Willigis und die dem Dom gemachten Schenkungen angeführt haben, so mag hier noch eine allerdings einer spätern Periode angehörende Gabe des Willigis eine Stelle finden. Sie ist zugleich ein Beweis, dass derselbe auch den Kunstbestrebungen jener Zeit nicht fremd geblieben ist.[1]) Ich meine das be-

---

[1]) Auf Verwendung Bischof Hildibalds von Worms und der Schwester Sophie wird der Wald (forestum), dessen Grenzen genau angegeben werden, mit dem ganzen Banne dem heiligen Martin und dem Verwalter (provisor) seiner Kirche, Willigis, und dessen Nachfolgern als Eigenthum gegeben. Kein Sterblicher soll sich unterfangen, ohne Erlaubniss des Erzbischofs in diesem Forste zu jagen oder das Wild zu beunruhigen ('nemo mortalium in eodem foresto venari, vel feras inquietare audeat, nisi ab eiusdem ecclesie Prothopresule licentiam accipiat.')

[2]) Ueber Turnilau oder Dorla vrgl. Guden hist. Erfurt I § V p. 18. (s. Note zu Marianus Scott.) Vrgl. auch ann. Disibodenb. z. J. 987 bei Böhmer font. rer. Germ. III, 178 f.

[3]) Nicht 1037, da Konrad in diesem Jahr in Italien war. Vrgl. Wattenbach zur vita S. Bardonis und Böhmer.

rühmte goldene Kreuz Benna oder Genna (auch in Bruno verderbt), das Willigis dem Dom schenkte, und an dessen Dasein kaum zu zweifeln ist. Wir lesen eine genaue Beschreibung desselben in dem Chronicon Moguntinum des Erzbischofs Christian (von 1249 — 1251). Er beginnt dieses (Böhm. font. rer. Germ. II, 253 ff.) mit einer Schilderung des Mainzer Kirchenschatzes, wie er ihn selbst noch gekannt und gesehen. In ihm war auch, erzählt er p. 256, ein Holzkreuz, mit Goldplatten belegt; an demselben hing das Bild des gekreuzigten Herrn über Mannsgrösse ('que imago cuiuslibet communis hominis magnitudinem excedebat), inwendig hohl und mit Reliquien und den kostbarsten Edelsteinen angefüllt. Man konnte die Glieder einzeln ablösen, damit es sich desto bequemer und sicherer in einer Kiste aufbewahren liess. Denn nur bei besonders festlichen Gelegenheiten wurde das Kruzifix an einem hohen Ort im Dom aufgestellt ('in loco valde eminenti in templo supra trabem, ubi nulli alieno patebat accessus, a ministris fidelibus locabatur'). Statt der Augen hatte es zwei funkelnde Karbunkelsteine von ungewöhnlicher Grösse im Kopf. Es war folgende Inschrift an ihm angebracht: 'Auri sexcentas habet hec crux aurea libras' 'Et nota,' fügt er hinzu, 'quod una libra habet duas marcas auri. Sic ergo erant mille et ducente marce auri probatissimi.' Das Kruzifix aber hiess Benna. Als ein Geschenk des Willigis bezeichnet es zuerst die vita et martyrium Arnoldi archiepiscopi Moguntini (Böhm. font. rer. Germ. III, 325). Der ungenannte Verfasser dieser vita, der gleichzeitig mit Arnold (1153—1160) lebte und den Böhmer (p. XLIV) und Wattenbach (401) unter die vorzüglichsten Quellenschriftsteller ihrer Zeit rechnen, erzählt, dass Rudolf, der nach Arnolds Ermordung vom Volke ernannte Erzbischof zur Bestreitung seiner Reise nach Rom den einen Arm genommen habe 'ab illa magna cruce, que Genna vocabatur, quam quondam Willegisus Moguntinensis archiepiscopus, gerens curam regis, videlicet Ottonis tercii, et regni per annos tres, ex tributo Longobardorum sibi deputato, videlicet annuo mille et ducentis libris auri purissimi, fusili opere fieri fecit ex auro purissimo, in cuius summitate celatum erat: Auri sexcentas etc. ad usus necessarios amputavit, fideliter promittens se reparaturum brachium equalis ponderis et valoris, si peracto negocio prosperum iter ei faceret deus.'

Diese Stelle wurde in den Ann. Palidenses benutzt (P. M. G. XVI, 65), die das martyr. Arnoldi fast wörtlich ausgeschrieben haben. Sie fügen aber zu dem Hexameter, der bei ihnen so heisst: 'Auri sexcentas hec crux habet aurea libras,' noch hinzu: 'Crucis illa effigies in pede sinistro digitulum casu amisit, que tam puro auro per totam etiam patriam quaesito non poterat equiparari.' Dieser Angabe von 1200 Pfund Goldes als Longobardentribut widersprechend nennen sie p. 63 einen Tribut von 200 Pfund, den die Longobarden zu Ottos I Zeiten zahlen mussten. Auch die Königsberger Weltchronik erwähnt diesen Tribut: '(Longobardi) incole singulis annis solvebant imperatori ducenta talenta auri purissimi' (Giesebrecht). Die nächste Quelle, die des Kreuzes Erwähnung thut, sind die annal. Dissibo-

---

[1]) Der ehernen Thüren, die Willigis der von den Mainzern 988 gebauten Liebfrauenkirche schenkte, ist schon im Eingang unserer Darstellung gedacht. Bodmann hat sie 1803 abzeichnen und 1805 in Kupfer stechen lassen (Werner I, 329).

denbergenses (Böhm. font. rer. Germ. III, 215). Sie sagen, dass Willigis Otto III erzogen und sechzehn Jahre das Reich regiert habe. 'Hic (Willigisus) fecit crucem auream et in monasterio sancti Martini posuit eam. Patibulum erat cypressinum, laminis aureis et lapidibus preciosis super intectum, ymago aurea, ut dicit versus in eadem fabricatus: Auri sexcentas tenet hec crux aurea libras. Huius ymaginis alterum pedem Marculfus (1141—1142) episcopus tulit et Romam pro pallio misit. Alterum cum cruribus Arnoldus episcopus accepit, et Hermanno comiti Palatino cum eo rebellavit.' Den ann. Dissib. entnommen ist die Stelle bei Tritheim 442. Er fügt noch hinzu, dass Rudolf das Ganze, was übrig geblieben von dem Kreuz, weggenommen, um Kaiser Friedrich zu versöhnen wegen der Ermordung des Arnold. Eine andere Quelle aus dem Anfang des dreizehnten Jahrhunderts ist das Zeitbuch des Eike von Repgow, (herausgegeben von H. F. Massmann Stuttgart 1857, vrgl. über dasselbe Wattenbach p. 421). Da steht im Anschluss an die ann. Palideus p. 319: „Dat rike hélt de biscop Willegis drê jår unde sammede van deme tinse tô Lancbarden ses hundert punt goldes: dar van lét he ên Krûce maken, dat was geheten benne. dat wart tôbroken bi des keiseres Frederîkes tîden an deme strîde, de twisken den biscope Rôdulve was unde den biscope Kônrâde' (vrgl. auch die fast ganz gleichlautende Lüneburger Chronik bei Eccard. script. rer. Germ. 1, 1336; über deren Verhältniss zu Eike von Repgow s. Wattenbach 422). Früh gab es eine Uebersetzung dieser Chronik (bei Mencken script. III, 63—127) unter dem Titel: anonymi Saxonis historia imperatorum, in dem Zeitbuch des Eike von Massmann neben dem deutschen Text gedruckt, welche aber das Kreuz nicht Benna nennt, sondern Bruno. Jener Erzählung folgen Latomus, Serrarius I, c. 32, Werner I, 345 und andere.[1]) Noch eine andere Erzählung giebt es von dem Ursprung des Kreuzes. Der Mönch Aegidius in den gestis Pontificum Leodiensium (von 1048—1251) und das Chronic. Belgic. (s. Werner I, 345) erzählen, dass die Juden zur Strafe, weil sie einen kaiserlichen Mundschenk namens Benno ermordet hätten, zur Anfertigung dieses Kreuzes verurtheilt worden wären. Diese Angabe mag erst mit aus dem Namen Benna erdichtet worden sein.

---

[1]) Das chronicon Brunsvicensium picturatum dialecto Saxonica conscriptum autore Conrado Bothone bei Leibn. script. III, p. 134, hat eine abweichende Darstellung; es sagt: 'Item de Keiser Otto de rode brachte de Lumbarde to tribut dat se mosten geven tvvey hundert punt goldes alle jare, dat golt vvart gesamet III Jare van Bischop Wilhelm to Mentze broder Keyser Otten, unde let dar van maken eyn gulden crutze, dat henget to Padelborne in deme dome in deme vvelve unde versus: Auri sexcentas hec crux habet arce libras.' Das Chron. Engelhusii ed. Mader p. 185 nennt in offenbarer Verwechselung mit Willigis ebenfalls Erzbischof Wilhelm bei Erwähnung dieses Kreuzes, sagt aber nicht, wem Wilhelm dasselbe geschenkt habe. Schaten in den Ann. Paderb. I, 319 behauptet auch die Schenkung an Paderborn. Er meint, 974 sei Otto II auch nach Paderborn zu Bischof Volcmar gekommen (von Arviti aus, wo er am 19. August 974 Volcmar eine Schenkung macht (Schat. I, 318) und habe der Paderborner Kirche ein goldnes Kreuz geschenkt, 60000 Goldstücke werth, aus dreijährigem Longobardentribut etc. mit der Inschrift: Auri sexcentas etc. Später sei das Kreuz verloren gegangen, entweder bei dem Brand der Basilica zusammengeschmolzen, oder zum Neubau verbraucht, oder aus andern Ursachen. Ein hölzernes sei dann angefertigt worden, ähnlich dem frühern, mit Goldblech überzogen. Aber schon Leibniz ann. 342 meint, dies Kreuz sei immer so gewesen, und das andere eine Erfindung. Der Vers sei nur von dem Mainzer Kreuz übertragen. Die weitere Geschichte dieses Paderborner Kreuzes s. bei Schaten und Leibn. a. g. O.

Die Mittel also, um ein solch kostbares Kreuz, an dessen früherm Dasein sich wohl kaum zweifeln lässt, herzustellen, hat dem Willigis nach den Angaben der besten Quellen der lombardische Tribut geliefert, der ihm auf drei Jahre zur Verfügung gestanden haben soll. Dass die Lombarden dem deutschen König eine jährliche Abgabe von 200 Pfund Goldes zahlten, nimmt Giesebrecht (Geschichte der deutschen Kaiserzeit zweite Auflage[1]) p. 390 und 815) als sicher an. Derselbe sagt (p. 656), dass nach dem Tod der Theophano (am 15. Juni 991 der Grossmutter des jungen unmündigen Königs, Adelheid, die nun die Sorge für ihn übernommen hatte, ein aristokratisches Reichsregiment zur Seite gewesen sei, an dessen Spitze Willigis gestanden habe, so dass es von ihm in spätern Quellen nicht ohne Grund heisse, er habe drei Jahre die Aufsicht über den königlichen Knaben und die Regierung des Reichs geführt, und Willigis und Adelheid seien in den folgenden Jahren als die Regenten des deutschen Reichs anzusehen. Diese Meinung findet ihren besten Beleg in den Urkunden aus jener Zeit, deren eine grosse Anzahl auf Verwenden oder den Rath des Willigis ausgefertigt ist.[2]) Ob nun aber Willigis allein den Longobardentribut zu dem Kreuz verwendet habe, ob derselbe ihm überhaupt ganz und unbedingt zur Verfügung stand, ist doch die Frage. Sollte man der Erzählung von den Juden nicht in so weit einigen historischen Grund beimessen können, als sie für den ihnen in Mainz gewährten Schutz[3]) dem Willigis eine Geldabgabe zahlten, die derselbe zu solchen kirchlichen Zwecken benutzte? Noch eine andere reichfliessende Quelle nennt Latomus (Mencken III, 478 und 479), nämlich König Rudolf von Burgund, der den Kirchen in Mainz, Köln und Strassburg bedeutende Schenkungen gemacht haben soll, ja geradezu in diesen Städten die Basiliken gegründet habe. Doch ist auf diese Nachricht nicht viel Gewicht zu legen.

Erzbischof Christian beschreibt in seinem Chronicon p. 257 noch andere werthvolle Kirchenschätze, so drei goldene Kelche von bedeutendem Gewicht, die man ebenfalls als ein Geschenk des Willigis bezeichnet hat (cf. Werner I, 347).

---

[1]) Die zweite Auflage von Giesebrechts Geschichte habe ich erst jetzt benutzen können. Alle frühern Verweisungen auf ihn sind nach der ersten Auflage.

[2]) Vrgl. z. B. Eccard hist. gen. 187 (B. 679), Schöpflin Alsatia diplomatica I, 135 (B. 685), 136 (B. 686), Honthoim historia Trevirensis diplomatica I, 330 (B. 693), Sagittar. I, 222 (B. 695), Ludewig reliquiae manuscriptorum etc. VII, 474 (B. 696), Sagitt. I, 275 (B. 698), Leibn. ann. 584 (B. 703), Lacomblet Urkundenbuch etc. 75 (B. 704), Sagitt. I, 224 (B. 708), Orig. Guelf. IV, 282 (B. 710), Mon. Boic. XXXI, 254 (B. 713), Schöpflin Als. dipl. I, 137 (B. 718), Mon. Boic. XXVIII, 255 (B. 726), 256 (B. 727), Harenberg hist. ecc. Gand. 625 (B. 732), 626 (B. 735), Muratori Antiquit. Ital. 1, 431 (B. 738), Erath. cod. dipl. Quedlinburg. 25 (B. 739), Guden cod. dipl. I, 367 (B. 740), Schaten I, 340 (B. 748), Neugart cod. dipl. Alemanniae I, 643 (B. 754), Mittheilungen des thüringisch-sächsischen Vereins V, 70, Mader ant. Brunsv. 205 (B. 758).

[3]) Gleich nach dem Tode des Willigis (er starb 1011, den 23. Febr. nach dem Kalendar. necrologicum eccles. metrop. Mogunt. Böhm. III, 141) fand wenigstens in Mainz eine Judenvertreibung statt ('expulsio Judaeorum facta est a rege in Moguntia' ann. Quedl. z. J. 1012 P. M. G. III, 81.) Daraus kann man schliessen, dass Willigis sie bis dahin geduldet und wohl auch geschützt.

Nachdem wir von den Bauten berichtet haben, die Willigis in den ersten Zeiten seines Archiepiskopats begann, wollen wir die Bauten der spätern Zeit nur kurz erwähnen. So beginnt er 'suis impensis' den Bau der St. Stephanskirche, die Tritheim p. 120 mit andern Bauten z. J. 978 erwähnt, aber von Werner I, 496 mit mehr Grund in das Jahr 990 gesetzt wird. Er erlangt bedeutende Besitzungen für dieselben von den Kaisern (Vrgl. Böhm. reg. 697, Schenkung der villa Hanenwilare im Nahgau, 763, 797 und den Gütertausch Heinrichs II im Jahr 1008, B. 1033, 1034, 1035). In dieser Kirche wurde er auch beigesetzt. (Vrgl. das anfangs genannte Epitaph. bei Serr. v. 23 ff.)[1]) Auch an andern Orten werden Bauten oder Beförderung derselben durch Willigis erwähnt; so die Gründung und Einweihung der Kirche zu Dorla in Thüringen (ann. Dissib. Marianus Scottus P. M. G. V, 555. Vrgl. dazu Guden hist. Erfurt in der Anm.) Endlich wird ihm auch der Bau zweier Brücken: einer bei Bingen über die Nahe, der andern bei Aschaffenburg (Serrar. setzt sie ins Jahr 989) und des durch die Hattosage berühmten s. g. Mäusethurms bei Bingen zugeschrieben.[2]) Das Epitaphium des Willigis fasst alle Bauten desselben in folgenden Versen zusammen:

Stephanicum in monte templum facit hoc bene sponte.
Thuringis Derlam fecit, Jecheburque, Valeroam.
Urbe moguntina sunt aeris et ostia bina,
Ad gradus Valvas matris Christi dedit ambas.
Templum Victoriae quod struxit stat tibi foris.
Pontem construxit apud Aschaffburg, bene duxit
Ac pontem per Nahe: miles transit, quoque verna.
Et bene necesse prope Bing Mäusen dedit esse.

Fassen wir schliesslich noch Willigisens weitere Wirksamkeit ins Auge, seine Metropolitanthätigkeit und seine Beziehungen zu andern hervorragenden Männern jener Zeit, so können wir auch von dieser Seite uns den Einfluss seiner Stellung und die Macht seiner Persönlichkeit nicht bedeutend genug denken. Mit welchem Eifer er die kirchlichen Angelegenheiten in den Sprengeln seiner Suffraganbischöfe überwachte, mit welchem Ernst und Nachdruck er hier die Pflichten seines erzbischöflichen Amtes erfüllte, wie er die Rechte desselben zu wahren wusste, selbst

---

[1]) Die Bemerkung im Chron. Engelhusii p. 193, dass Willigis 1009 ein Kloster erbaut habe, bezieht sich vielleicht auf den Wiederaufbau des Doms. Auch den Bau der St. Albanskirche schreiben ihm Siegfr. Presbyt. und Adam Ursinus zu.

[2]) Ueber den Mäusethurm vrgl. die ausführliche Abhandlung in Serrar. IV bei Erzbischof Hatto II, Leibn. ann. z. J. 970 p. 276—280, und M. F. Liebrecht in den Abhandlungen der Académie Royale de Belgique (T. XXI, 11 u. 12): 'La tour des souris.' Die Sage findet sich bei Martinus Minorita (Eccard I, 1613), Siegf. Presbyter (Pistor. I, 1032), compilat. chronol. (Pistor. I, 1088), Chron. S. Aegidii Leibn. III, 581, Trith. chron. Hirs. 116, Bünting Braunschweigische Chronik 44 und vielen andern. Aehnliche Erzählungen Thietm. VI, 49 (P. M. G. III, 830), ann. Quedl. z. J. 1012 (P. M. G. III, 81) Hist. Novientis monasterii bei Böhm. font. rer. Germ. III, 13, chronicae Polonorum I, 3 P. M. G. IX, 427 u. a. Der erste Hatto wurde nach der Chronik S. Aegidii Leib. III, 580 von Teufeln lebendig in den Feuerpfuhl im Aetna geworfen.

Kaiser und Pabst gegenüber, zeigt Willigis bei Adalbert, den er in Verona 983 zum Bischof von Prag geweiht hatte, in so schlagender Weise, dass wir uns nicht enthalten können, die weitere Geschichte Adalberts[1]) kurz zu verfolgen, obgleich sie über das Jahr 983 hinausgeht. Adalbert gerieth bald in Zwistigkeit mit den unbändigen, dem Christenthum nur erst äusserlich zugewendeten Böhmen. Endlich an einer gesegneten Wirksamkeit unter ihnen verzweifelnd, von Natur mehr sich zu dem Mönchsleben hinneigend, ging er nach Rom und trat, nachdem er seine beabsichtigte Wallfahrt nach Jerusalem aufgegeben, daselbst in das Kloster des h. Bonifacius und Alexius ein. 990 legte er mit seinem Halbbruder und unzertrennlichen Gefährten Gaudentius das Mönchsgelübde ab. Der Bischofsstuhl zu Prag war unterdessen verwaist. Da legte sich Willigis ins Mittel (Can. 18. Cosm. 30). Er sandte in Uebereinstimmung mit dem Böhmenherzog Boten und Briefe nach Rom und verlangte die Rückkehr Adalberts.[2]) Eine Synode, vom Pabst berufen, findet das Verlangen gerecht und veranlasst Adalbert demselben 992 Folge zu leisten. Anfangs wird er mit Freuden in Prag aufgenommen, aber bald treten wieder Zerwürfnisse ein. (Can. 19, Bruno 15, Cosm. 30.) Das verletzte Asyl in der Kirche bewegt Adalbert, Prag von Neuem zu verlassen und sich 995 wieder nach Rom in sein altes Kloster zu begeben (Can. 20, Br. 16 und 17). Da zog Otto III., 'cum iam velut prima lanugine barbae floreret,' von Willigis begleitet, nach Italien und wurde in Rom von dem neu ernannten jungen Pabst Gregor V. zum Kaiser gekrönt (Can. 21, Br. 18). Otto lernte Adalbert kennen und fühlte sich unwiderstehlich zu ihm hingezogen.[3]) Willigis jedoch hat nur die verlassenen Böhmen im Auge. Er singt das alte Lied[4]) wegen der Rückkehr Adalberts, und veranlasst den Pabst zur Berufung einer Synode. Dort erörtert er, seine Klage sei gerecht, es sei sündlich, dass Prag allein seines Hirten entbehre, er verlangt, dass der verwaisten Kirche der Gatte zurückgegeben werde. Auch von Deutschland aus, wohin er vor dem Kaiser zurückgekehrt war, hört er nicht auf, brieflich auf die Rückkehr Adalberts zu dringen, und erreicht es, entgegen den Wünschen des Kaisers und des Pabstes, die Adalbert ungern fortgehen sahen, dass der Bischof, nachdem er noch längere Zeit

---

[1]) Vrgl. Canaparii vita S. Adalberti ep. c. 14—26 P. M. G. IV, 586—593, Adalberti vita secunda auctore Brunone archiepiscopo c. 12—21 P. M. G. IV, 600—606, Cosmae chronica Boemorum I, 30 u. 31 P. M. G. IX, 53 u. 54. Giesebrecht Geschichte der deutschen Kaiserzeit 679—687, Höfler Geschichte der deutschen Päbste I, 98 ff., Palacky Geschichte von Böhmen I, 238 ff.

[2]) 'Archiepiscopus vero Moguntinus beati praesulis gregem sine pastore ire conspiciens, misit legatos cum litteris, per quos domnum apostolicum de sancti viri reditu interpellat.' Canap. Noch dringender erscheint seine Forderung bei Cosmas, 30: 'tunc metropolita Maguntinus sollicitus ne populus nuper Christo adquisitus, relapsus in antiquos pereat sacrilegos ritus, mittens legatos, ad apostolicum clamat aut viduatae Pragensi ecclesiae maritum remittat aut alium in loco sui ordinari permittat.'

[3]) 'Habebat eum sibi familiarem, audiens libenter, quaecumque sibi diceret.' Canap. 22.

[4]) 'Veterem quaerimoniam canens.' Canap. 22: 'Zelo iuris tactus Moguntinus archyepiscopus antiquam cantilenam cantat, episcopum sanctum a quiete monasterii ad relictos greges abstrahere parat.' Bruno 18.

in Mainz bei Otto und Willigis verweilt (Can. 23) sich zu seiner Gemeinde zurück wendet. Doch wird er jetzt von den Böhmen höhnisch abgewiesen, begiebt sich zu den Preussen, um sie zu bekehren und findet unter ihnen den ersehnten Märtyrertod den 23. April 997 (Can. 30. Brun. 30. Cosm. 31).

In das Jahr 983 fällt ferner die Weihe des Bischofs Retharius von Paderborn, nachdem dessen Vorgänger Volcmar gestorben war (Ann. Corb. z. J. 983 P. M. G. III, 5, necr. Fuld. bei Leibn. script. III, 765. Ann. Saxo P. M. G. VI, 630). Willigis weihte ihn zu Speier unter Beistand des Bischofs Erkenbald von Strassburg (vrgl. Schaten ann. Paderb. 327 Leib. ann. 460). Retharius schloss sich sofort der Partei des Willigis für Otto III an und erscheint als einer der eifrigsten Anhänger des kleinen Königs (v. Meinwerci 5 P. M. G. XI, 109). Nach dem Tode des Retharius, der Willigisens treuer Freund blieb, im Jahre 1009, (ann. Hildesh. und Quedlinb. zu J. 1009) weihte der hochbetagte Erzbischof auch noch seinen Nachfolger Meinwercus (v. Meinw. 11).

Wir haben schon oben Burchard genannt und müssen wieder auf ihn zurückkommen, da er zu Willigis in besonders freundschaftlicher Beziehung gestanden hat. Geboren in Hessen von angesehenen Eltern, verlebte er die Knabenjahre in Koblenz und hielt sich dann seiner Studien wegen an verschiedenen Orten auf, unter andern zu Lobbes (Wattenbach 193. Latomus bei Mencken III, 478). Noch im jugendlichen Alter kam er nach Mainz und schloss sich eng an Willigis an, dessen Vorbild, dessen Weisheit und reine Sitten (nobiles mores) auf ihn so heilsam wirkten, dass er trotz seiner Jugend doch unbesonnene Jugendstreiche vermied und seinen Geist bessern Dingen zuwandte.[1]) Er blieb der treue Gefährte des Willigis, erhielt bald von ihm die verschiedenen kirchlichen Weihen und wurde der Kirche und dem Kloster des h. Viktor als Probst vorgesetzt, dem er, wie wir gesehen haben, viele Wohlthaten erwies. Seine segensreiche, rastlose Thätigkeit, seine Berufstreue, sein unbescholtenes Leben bewirkten, dass Willigis ihm sein volles Vertrauen schenkte und ihn zum Kämmerer und Primas der Bürgerschaft ernannte.[2]) Auch in diesem wichtigen Amte zeigte er sich treu und unbestechlich. Bei Willigis lernte Otto III ihn kennen und fasste grosse Zuneigung zu ihm. Burchard musste öfter zu ihm

---

[1]) Vita Burchardi ep. I, P. M. G. XI, 833: 'Postea vero Willigiso Moguntinensis sedis venerabili archiepiscopo se adiunxit, illiusque salutari sapientia repletus, et secundum suos nobiles mores imbutus, quamquam aetas denegaret, vitiosa facta fugiendo vitabat, et ad meliora paulatim animum torquebat.' Interessant ist die darauf folgende Charakteristik Burchards: 'Nam post primaevum iuventutis florem omni bonitate refulsit praeclarus, in iusto stabilis, in commisso fidelis, in consilio providus, in prosperis non elatus, in adversis non turbatus, sublimioribus obediens, egenis compatiens, miseris affabilis, misericors subditis, multum largus, moribus honestissimus, atque in omni opere Dei strenuus.'

[2]) 'Ergo religiosissimus Willigisus sanctam hominis Dei intelligens meditationem, sibi familiarissimum elegit et suae camerae magistrum ac civitatis primatem constituit.' (v. Burch. c. 2). Als Kämmerer hatte Burchard die Sorge für die Kleinodien, für Kleidung, Feuerung und Beleuchtung des Haus- und Hofhaltes, und die darauf bezüglichen Arbeiten und Lieferungen. (Walter deutsche Rechtsgeschichte 213. Vrgl. auch p. 77 u. 293). Als Primas der Stadt handhabte er mit einem Schultheissen die Gerichtsbarkeit (Walter 230).

kommen und wurde mit mehreren Schenkungen von dem jungen Kaiser bedacht¹) (z. B. B. 734). Im Jahre 1000 machte derselbe ihn wider seinen Willen zum Bischof von Worms (v. Burchardi c. 5), und er erhielt einige Tage darauf von Willigis die kirchliche Weihe (c. 6)²). Burchard zeichnete sich auch hier durch grosse Sorgfalt für sein ganz verwüstetes Bisthum aus. Nicht nur Otto III hielt ihn sehr hoch, auch bei Heinrich II galt er viel. (Vrgl. Orig. Guelf. IV, 283, 297—299. Schannat hist. Worm. 36, 37. Thietm. V, 26 P. M. G. III, 804). Wattenbach (p. 193) nennt ihn den gelehrtesten Kanonisten seiner Zeit.

Eine andere ausgezeichnete Persönlichkeit, deren Lebensgeschick Willigis ebenfalls mit bestimmt hat, ist Bernward, später Bischof zu Hildesheim. Auch er, von vornehmer Abkunft, früh nach Hildesheim zur Erziehung gebracht, von dem berühmten Vorsteher der Hildesheimer Schule Thangmar, seinem nachherigen Biographen, unterrichtet, mit den herrlichsten Talenten ausgerüstet, begab sich nach Vollendung seiner Studien zu Willigis nach Mainz, erhielt von ihm kurz auf einander die Würde eines Subdiakonus, Diakonus und Presbyters und kehrte dann zurück zu seinem Grossvater, dem Grafen Dietrich von Sachsen, den Kratz (der Dom zu Hildesheim 8) einen Freund des Willigis nennt. Nach dessen Tode kam Bernward, wohl nicht ohne Zuthun des Willigis, der seine Fähigkeiten hatte schätzen lernen, an den kaiserlichen Hof 987, wo er sich rasch das Vertrauen der Kaiserin Theophano erwarb, von ihr trotz seiner Jugend zum Erzieher und Lehrer des siebenjährigen Otto gemacht wurde, und bald den mächtigsten Einfluss auf diesen ausübte. (Vrgl. Thangmari vita Bernwardi ep. 1—3 P. M. G. IV, 758 und 759). Bei Erledigung des Hildesheimer Bischofsstuhls wurde Bernward Bischof und 993 von Willigis geweiht (c. 4). Später entstehen aber zwischen ihm und Willigis grosse Zerwürfnisse (odibilis dissensio genannt Ann. Hildesh. z. J. 1008 P. M. G. III, 93) wegen des Klosters Gandersheim und erst wenige Jahre vor des letztern Tode fand eine Aussöhnung statt.

Wir können die Reihe dieser Männer nicht abschliessen, ohne einen Mann wenigstens zu erwähnen, der, wenn auch von näheren Beziehungen zwischen ihm und Willigis in jener Zeit nichts erzählt wird, ihn doch am Hofe Ottos kennen und achten gelernt hat: ich meine Gerbert, den

---

¹) 'Valde illum dilexit, et saepe ad se venientem clementer suscepit, ac diversis donis onustum honorifice remisit, gratiam sibi promittens esse futuram.' (v. Burchardi c. 2.)

²) Ein anderer Geistlicher des Willigis erlangt später eine noch höhere Würde. Meingaudus, Probst der Mainzer Kirche und Kämmerer des Willigis wird von Heinrich II 1009 zum Erzbischof von Trier gemacht, sogar wider den Willen der Königin, gewiss nicht ohne Zuthun des Willigis, dem der Kaiser wegen des Beistandes bei der Gründung des Bisthums Bamberg Dank schuldete. (Vrgl. gesta Treverorum P. M. G. VIII, 171, Thietmar VI, 25 P. M. G. III, 815, ann. Quedl., ann. August., ann. Hildesh. z. J. 1008, doch nennen ihn letztere Meinzoz und primiscrinius des Königs.) Auch Thietmar, später Bischof in Osnabrück, war zuerst in Mainz als praepositus, dann hat ihn Heinrich II sich von Willigis aus und versetzte ihn nach Achen. Vrgl. Chronica Osnaburgensium bei Meibom rer. Germ. II, 205, Thietm. VII P. M. G. IV, 857. Endlich lebte auch Ekkehard von St. Gallen, der Lehrer Ottos II, als Dompropst unter Willigis in Mainz. (Ekkehardi IV. casus S. Galli P. M. G. II, 122).

spätern Pabst Silvester II. Dieser ausserordentliche Mann, ebenfalls aus geringem Stande, wegen seines der damaligen Zeit fast übernatürlich erscheinenden Wissens angestaunt, hatte sich bereits der Gunst Otto's II. erfreut, und war von ihm mit der Abtei Bobbio beschenkt worden, woraus er freilich nach des Kaisers Tode sehr bald weichen musste. Als dem unmündigen König Otto III. durch Heinrich den Zänker die Krone entrissen werden sollte, da führte die Treue und dankbare Anhänglichkeit an das ottonische Haus beide Männer näher zusammen. Wie Willigis als das Haupt der ganzen Partei für Otto III. anzusehen ist, so erscheint Gerbert als die Seele der lothringischen Partei. Unter den zahlreichen Briefen Gerberts, die erhalten sind, finden sich auch zwei an Willigis gerichtete (Du Chesne historiae Francorum scriptores II, epist. XXVII und XXXIV), die Parteiverhältnisse berührende, in denen sich tiefe Achtung vor der Erfahrung des ältern Mannes ausspricht, und schon die vertrauliche Anrede „Pater" auf freundschaftliche Annäherung hindeutet. [1])

Somit wären wir zum Schluss unserer Darstellung gelangt. Wir haben versucht, Willigisens Bedeutung als Kanzler, als Erzkanzler und Erzbischof unter Otto II. nach allen Seiten hin zu erörtern. Was er unter Otto III. und Heinrich II. gewirkt, mag einer spätern Darstellung vorbehalten bleiben.

---

[1]) Vrgl. Hock: Gerbert oder Pabst Sylvester II p. 67 ff. Roger Wilmanns in Rankes Jahrbüchern des deutsch. Reichs II, 2, 7, Gfrörer Kirchengesch. 1419 ff., Giesebr. Gesch. der deutschen Kaiserzeit, zweite Auflage 611 ff.

Verbesserungen.

S. 1 Z. 9 und auch noch als Erzk. zu streichen.
S. 7 Z. 14 st. rotas l. solus.
    Z. 26 st. ei l. et.
S. 15 Z. 3 st. Gesandten l. Gesandte.
S. 21 Z. 26 st. P. M. 9 v 547 l. P. M. G. V, 547.
S. 25 Z. 11 st. das l. dass.

Jahresbericht
über die
Königliche Landesschule Pforta
von
Ostern 1859 bis Ostern 1860.

I. Lehrverfassung.
a. Unterricht in Sprachen und Wissenschaften.

Ober-Prima.
Ordinarius: der Rector.

1) *Religion.* 2 St. Insp. Niese. Im S. Lektüre des Johannes-Evangelium im Urtext; im W. christliche Glaubenslehre.
2) *Deutsche Sprache.* 3 St. Prof. Dr. Koberstein. Uebersicht der Geschichte der neuern deutschen Nationalliteratur von Opitz bis zum Anfang des 19. Jahrh.; Correctur deutscher Aufsätze und freie Redeübungen.
3) *Lateinische Sprache.* 10 St. Im S. Tac. Hist. III, 36 bis zu Ende des Buchs, Cic. de Or. III, 1—19. Hor. Od. II, 1. 2. 3. 6. 7. 10. 13—20. Sat. II, 1. 6; im W. Tac. Ann. XIII, 1—5. 11—22. 25. 45—46. XIV, 1—13. 51—56. 62—64. XVI, 21—35. Cic. Epp. sel. (ed. Süpfle) XVII—XXXVI; Aufsätze, Exercitien, Disputirübungen, Extemporalien und Versübungen, im S. 10 St., im W. 8 St. der Rector; im W. Hor. Od. III, 1—6. Epp. I, 1—6, 2 St. Prof. Keil.
4) *Griechische Sprache.* 6 St. Prof. Dr. Steinbart. Im S. Plat. Gorgias; im W. Sophoclis Electra, cursorisch Hom. Il. V—VIII; Correctur griechischer Scripta und Extemporalien, nebst Uebungen in der Versifikation.
5) *Geschichte.* 3 St. Im S. neuere Geschichte seit dem dreissigjährigen Kriege, Prof. Dr. Corssen; im W. der erste Theil der Weltgeschichte (Geschichte der asiatischen Reiche und Griechenlands), der Rector.

6) *Mathematik.* 4 St. Prof. Buchbinder. Im S. Erweiterungen der Kreislehre (Pole, Polaren, Aehnlichkeitspunkte, Aehnlichkeitslinien, Potenzen, Potenzlinien), im W. Progressionen, höhere Reihen, Combinationslehre, binomischer Lehrsatz, Functionen; Correctur schriftlicher Arbeiten und Extemporalien, Wiederholung der früheren Abschnitte.
7) *Physik.* 2 St. Prof. Buchbinder. Im S. Mechanik der festen und flüssigen Körper, im W. Mechanik der luftförmigen Körper, Optik.

Unter-Prima.
Ordinarius: Prof. Keil.

1) *Religion.* Mit Oberprima combinirt.
2) *Deutsche Sprache.* 3 St. (1 St. mit Oberprima combinirt) Prof. Dr. Koberstein. Uebersicht der älteren deutschen Nationalliteratur und Lectüre ausgewählter Stücke aus Hahns Lesebuche, Correctur deutscher Aufsätze und freie Redeübungen.
3) *Lateinische Sprache.* 10 St. Im S. Cic. Tusc. V, Tac. Ann. I, 46—71, im W. Cic. Brut. 1—41, Tac. Ann. I, 72—II, 34, Hor. Od. I, 1—10. Sat. I, 1. 3. 4, Aufsätze, Scripta, Verse, Extemporalien, im S. 8 St., im W. 10 St. Prof. Keil; im S. 2 St. für die Horazlektüre mit Oberprima combinirt.
4) *Griechische Sprache.* 6 St. Im S. mit Oberprima combinirt; im W. Sophoclis Electra, cursorisch Hom. Il. VI—IX, 306, Exercitien, Extemporalien, Versübungen, Adj. Dr. Franke.
5) *Geschichte.* Mit Oberprima combinirt.
6) *Mathematik.* 4 St. Prof. Buchbinder. Im S. Gleichungen des 1. u. 2. Grades, Kettenbrüche, diophantische Gleichungen, im W. Stereometrie; Correctur schriftlicher Arbeiten und Extemporalien, Wiederholung der früheren Abschnitte.
7) *Physik.* Mit Oberprima combinirt.

Ober-Secunda.
Ordinarius: Prof. Dr. Steinhart.

1) *Religionsunterricht.* 2 St. Insp. Niese. Im S. Lektüre der katholischen Briefe; im W. Kirchengeschichte, 1. Theil.
2) *Deutsche Sprache.* 2 St. Prof. Dr. Koberstein. Im S. die Grundlinien der neudeutschen Prosodie und Verskunst; im W. Erklärung einiger Stücke aus dem Nibelungenliede. Daneben Aufsätze und metrische Uebungen.
3) *Lateinische Sprache.* 10 St. Cic. Verr. Act. II. L. IV, 1—33 und (im W.) pro Sestio Vergil. Aen. lib. VI, 156—VII, 640, Aufsätze, Exercitien, Extemporalien und Versübungen, 8 St. Prof. Steinhart; im S. Sallust. Jug. Prof. Dr. Corssen, im W. Livius lib. VII, 29—VIII, 8, Prof. Steinhart.
4) *Griechische Sprache.* 6 St. Dr. Heine. Im S. Plutarch. Solon, Hom. Il. XX und XXI; im W. Plat. Criton, Hom. Il. XXII u. XXIII; Moduslehre, Scripta und Dokimastika.
5) *Geschichte.* 3 St. Prof. Dr. Corssen. Im S. Geschichte des Mittelalters, zweite Hälfte, im W. neuere Geschichte, erste Hälfte.
6) *Mathematik.* 4 St. Prof. Dr. Jacobi. Im S. die Progressionen und zusammengesetzten Interessen, die Anfänge der ebenen Trigonometrie; im W. nach Wiederholung des arithmetischen Sommerpensums, die quadratischen Gleichungen und die Lehre von den Logarithmen, Wiederholung der früheren geometrischen Pensa. Daneben in jedem Semester Ausarbeitung schriftlicher Aufgaben.

Unter-Secunda.
Ordinarius: Prof. Dr. Corssen.

1) *Religionsunterricht.* 2 St. Prof. Buddensieg. Einleitung in das alte Testament, verbunden mit Bibellesen; Repetition des Katechismus; Bibelsprüche und geistliche Lieder.

2) *Deutsche Sprache.* 2 St. Prof. Dr. Koberstein. Grundlinien des etymologischen Theils der deutschen Grammatik, nebst einer Uebersicht über die Hauptepochen der Entwickelungsgeschichte unserer Sprache; daneben Correctur deutscher Aufsätze.
3) *Lateinische Sprache.* 11 St. Cic. pro imp. Cn. Pomp. und pro Rosc. Am., Liv. l. XXII, die Syntaxis ornata nach Zumpt, Scripta, Dokimastika, 8 St. Prof. Corssen; Ovid. Fast. lib. II und III (mit Auslassungen) und Versübungen, 3 St., im S. Prof. Keil, im W. Prof. Corssen.
4) *Griechische Sprache.* 6 St. Dr. Franke. Im S. Hom. Od. lib. IX. X, Arrian. Anab. II, 17 bis zu Ende des Buchs, im W. Hom. Od. XI. XII, Arr. An. III, 1—17; daneben in beiden Semestern Lehre vom Verbum (Genera, Tempora, Modi) und Repetition der Casuslehre, Scripta und Dokimastika.
5) *Geschichte.* 3 St. Geschichte des Mittelalters, im S. zweite Hälfte Dr. Franke, im W. erste Hälfte, Prof. Corssen.
7) *Mathematik.* 4 St. Prof. Dr. Jacobi. In der Arithmetik im S. die Lehre von den Proportionen und deren Anwendung, im W. die Potenzen und Wurzelgrössen; in der Geometrie im S. die Lehre von der Aehnlichkeit der Figuren, im W. die Lehre vom Kreise.

Ober-Tertia.
Ordinarius: Adj. Dr. Heine.

1) *Religionsunterricht.* 2 St. Insp. Niese. Im S. die Apostelgeschichte, im W. die synoptischen Evangelien.
2) *Deutsche Sprache.* 3 St. Aufsätze und Uebungen im freien Vortrag und im Lesen, Dr. Heine.
3) *Lateinische Sprache.* 11 St. Im S. Caes. de b. C. lib. III, im W. lib. I und II mit einigen Auslassungen, Casus- und Moduslehre, Scripta und Dokimastika, 8 St. Dr. Heine; Ovid. Med. lib. XIII m. A. und Versübungen, 3 St. Prof. Keil.
4) *Griechische Sprache.* 6 St. Dr. Franke. Xenoph. Anab. lib. I—III, 2. Unregelmässige Verba und Casuslehre. Scripta und Dokimastika.
5) *Geschichte und Geographie.* 3 St. Römische Geschichte, im S. zweite Hälfte Dr. Franke, im W. erste Hälfte Dr. Becker.
6) *Mathematik.* 4 St. Prof. Buchbinder. Weitere Ausführung der Buchstabenrechnung und einfachen Gleichungen, Lehre von der Gleichflächigkeit geradliniger Figuren, Extemporalien, Correctur schriftlicher Arbeiten.

Unter-Tertia.
Ordinarius: Adj. Dr. Becker.

1) *Religionsunterricht.* 2 St. Prof. Buddensieg. Das Wichtigste aus dem alten Testamente (namentlich aus den geschichtlichen Büchern) gelesen; Repetition des Katechismus, Bibelsprüche und geistliche Lieder.
2) *Deutsche Sprache.* 3 St. Uebungen im Vortrag von Gedichten und prosaischen Erzählungen, Leseübungen, Correctur der Aufsätze, im S. Dr. Becker, im W. Prof. Buddensieg.
3) *Lateinische Sprache.* 11 St. Dr. Becker. Caes. de b. Gall. VI und VII, 1—48, Formenlehre wiederholt, Casuslehre und das Hauptsächlichste aus der Moduslehre, Scripta und Dokimastika, 8 St., ausgewählte Stücke aus Ovid. Met. IV und V, Prosodie und Versübungen, 3 St.
4) *Griechische Sprache.* 6 St. Adj. Dr. Euler. Repetition der Formenlehre, Verba in $\mu\iota$, das Wichtigste vom unregelmässigen Verbum und die Präpositionen; Lektüre in Jacobs' griech. Lesebuch; Scripta und Dokimastika.
5) *Geschichte.* 3 St. Dr. Euler. Griechische Geschichte.
6) *Geographie.* 2 St. Prof. Buchbinder. Im S. physische und politische Geographie von Asien, Afrika, Amerika, Australien; im W. von Europa und brandenburgisch-preussische Geschichte.

7) *Mathematik.* 4 St. Prof. Dr. Jacobi. Die Anfänge der Buchstabenrechnung und deren einfachste Anwendung; die Lehre von der Congruenz der Dreiecke nebst den unmittelbar daran sich schliessenden Lehrsätzen und Aufgaben.

Für das **Französische** bestehen 5 besondere von dem sonstigen Klassensysteme getrennte Klassen. In der Regel nehmen nur die Schüler der vier oberen Klassen Theil; doch werden auch die Schüler der beiden unteren Klassen zugelassen, wenn sie eine angemessene Vorbildung für das Französische nachweisen.

Erste Klasse. 2 St. Prof. Dr. Koberstein. Correktur schriftlicher Arbeiten und Durchgehen von Extemporalien. Daneben wurden ausgewählte Stücke aus La France Littéraire etc. par Herrig et Burgny gelesen.

Zweite Klasse. 2 St. Prof. Dr. Koberstein. Grammatische Uebungen, schriftliche und mündliche. Gelesen: Histoire de Napoléon par Ségur, Liv. V bis VI, chap. 6.

Dritte Klasse. 2 St. Dr. Euler. Repetition der unregelmässigen Zeitwörter, Moduslehre; Charles XII par Voltaire, im S. l. V—VIII, im W. l. I—IV, Scripta und Dokimastika.

Vierte Klasse. 2 St. Dr. Becker. Pronomen und unregelmässiges Zeitwort; Lektüre grösserer Stücke aus Leloup franz. Lesebuch; Scripta und Dokimastika.

Fünfte Klasse. 2 St. Dr. Becker. Formenlehre bis zum regelmässigen Zeitwort einschl.; Uebungen im Lesen und Uebersetzen aus Leloup franz. Lesebuch; Dokimastika.

Den **hebräischen** Unterricht ertheilte Prof. Buddensieg in folgenden Klassen:

Prima. 2 St. Repetitionen aus der Grammatik nach Gesenius, Scripta, Extemporalien, Vocabellernen. Gelesen Psalm 135—140.

Ober-Secunda. 2 St. Repetition der Laut- und Formenlehre, Einübung der unregelmässigen Verba nach Gesenius. Scripta, Extemporalien, Vocabellernen, Rückübersetzungen. Gelesen aus Gesenius' Lesebuche die Abschnitte aus der Geschichte Salomos.

Unter-Secunda. 2 St. Lautlehre und Formenlehre bis zum regelmässigen Verbum einschl. nach Gesenius, Lese- und Schreibübungen, Paradigmen.

b. Unterricht in den Künsten.

1) *Musik und Gesang.* a) Der Gesangunterricht, unter Leitung des Cantors und Musikdirectors Seifert, ist für alle öffentlich. Sämmtliche Schüler, welche nicht zum Kirchenchor gehören, sind in 5 Singklassen vertheilt, von denen jede wöchentlich eine Unterrichtsstunde hat. Eine Auswahl von allen bildet der Kirchenchor, aus zwei Abtheilungen von etwa 50 Sängern bestehend, unter zwei Praecentoren, welcher beim Gottesdienst die Gesänge zur Liturgie und bei andern öffentlichen Gelegenheiten die Gesangpartieen ausführt. 1 St. wöchentlich, und ausserordentliche Stunden nach Bedürfniss. — b) Der Unterricht in der Instrumentalmusik wird theils vom hiesigen Musikdirector theils von Musikern aus Naumburg privatim ertheilt.

2) *Zeichenunterricht.* Für den öffentlichen Zeichenunterricht, an welchem alle Untertertianer und aus den übrigen Klassen diejenigen, welche Anlage und Neigung zum Zeichnen haben, Theil nehmen, sind vier Klassen eingerichtet. Jede dieser hat zwei wöchentliche Lehrstunden, worin sie sowohl in den Gesetzen der Perspective unterrichtet als practisch in den verschiedenen Gattungen des Zeichnens geübt werden. Alle Zöglinge haben Gelegenheit, sich durch Privatunterricht weiter fortzubilden. Gegenwärtig nehmen 139 Schüler am Zeichenunterrichte Theil.

3) *Schreibunterricht.* Der Unterricht in der Schreibkunst, welchen der hiesige Kirchner und Schreiblehrer Karges ertheilt und bei welchem im Deutschen und Lateinischen die Vorschriften von Heinrigs, im Griechischen die von Grasshoff zu Grunde gelegt werden, ist auf die Schüler von Ober- und Untertertia beschränkt, welche in vier Abtheilungen, wovon jede wöchentlich eine Lehrstunde hat, getheilt sind. Die guten Schreiber können vom Klassenlehrer dispensirt, die schlechten zum Besuch beider Abtheilungen ihrer Klassen angehalten werden.

4) *Tanzunterricht.* Dieser Unterricht ward während der 6 Wintermonate vom October bis März, auf welche er zur Zeit beschränkt ist, von dem Tanzlehrer Bartels aus Naumburg in

12 wöchentlichen Lehrstunden ertheilt. Sämmtliche Zöglinge sind in 12 Abtheilungen gebracht, von denen jede wöchentlich eine Stunde hat. Die Uebungen sind nach einer methodischen Stufenfolge vom Leichteren zum Schwereren geordnet, wobei in den untersten Abtheilungen die Regeln des äussern Anstandes in der Haltung und den Bewegungen des Körpers, als Grundlage des gesammten Tanzunterrichts, gelehrt und eingeübt werden.

5) *Die gymnastischen Uebungen*, an welchen sämmtliche Zöglinge Theil nahmen, wurden von dem Adj. Dr. Euler geleitet und fanden wöchentlich zweimal im Sommer auf dem Turnplatze des Schulgartens, im Winter in 2 Abtheilungen im Turnsaale statt. Auch wurde den Alumnen von Dr. Euler Schwimmunterricht nach der Pfuelschen Methode ertheilt.

6) *Die botanischen Excursionen* wurden auch in dem verflossenen Sommer unter Führung des Prof. Buchbinder fortgesetzt.

c. *Themata zu freien Ausarbeitungen.*

A. Deutsche:

I. in Prima. Im S. 1) a. Inwiefern trugen die grossen Kampfspiele der Griechen und namentlich die olympischen dazu bei, dass das Bewusstsein nationaler Einheit unter den verschiedenen Stämmen dieses Volks erhalten und immer neu belebt ward? b. Warum war die Verbannung aus dem Vaterlande bei Griechen und Römern in der Regel eine viel härtere Strafe, als sie es jetzt in den europäischen Staaten ist? 2) a. Characterschilderung des Hermann nach Göthe's Gedicht „Hermann und Dorothea." b. Characterschilderung des Buttler nach Schillers „Wallenstein." 3) Woher kommt es, dass sich uns in der spätern Erinnerung der Ort und die Gegend, wo wir unsere Jugendjahre verlebt haben, weit über die Wirklichkeit hinaus zu verschönern pflegt? — Im W. 4) a. Freie Wahl eines Themas. b. Angabe des Gedankenganges in Schillers Elegie „der Spaziergang." 5) a. Unter welchen Umständen und wie lässt Shakspeare die Geister Abgeschiedener im Jul. Cäsar, Hamlet u. Macbeth erscheinen? b. Welche Aehnlichkeiten finden sich zwischen den Characteren des Weislingen im „Götz von Berlichingen" und des Clavigo in dem gleichnamigen Stück? 6) a. Warum ist es nicht gut, wenn wir den Umgang mit Andern zu sehr meiden? (Mit Benutzung der Worte aus Göthes Tasso: „Die Menschen fürchtet nur, wer sie nicht kennt, und wer sie meidet, wird sie bald verkennen.") b. Wie ist der Güthesche Spruch zu erklären: „Sprichwort bezeichnet Nationen; Musst aber erst unter ihnen wohnen." 7) Kann der Neidische wohl je wahrhaft glücklich sein?

II. in Ober-Secunda. Im S. 1) Metrischer Versuch über einen selbstgewählten Sagenstoff. 2) Versuch einer Characterschilderung des Tempelherrn in Lessings „Nathan." 3) Worin liegen für die Jugend Aufforderungen, dem Alter mit Ehrerbietung zu begegnen? — Im W. 4) Angabe der Hauptglieder und des ganzen Gedankenganges in Schillers Lied von der „Glocke." 5) Siegfrieds Tod, als metrischer Versuch. 6) Versuch einer Characterschilderung des Leicester in Schillers „Maria Stuart." 7) Woraus erklärt sich die Anhänglichkeit an den Ort, wo wir unsere Knaben- oder Jünglingsjahre verlebt haben?

III. in Unter-Secunda. Im S. 1) a. Warum ist das Ballspiel für die Jugend so empfehlenswerth? b. Mein Lebenslauf. 2) Schillers „Kampf mit dem Drachen" als Prosaerzählung. 3) Inwiefern ist das Eisen das nützlichste aller Metalle? — Im W. 4) Brief an einen Freund, worin diesem das kürzlich in Pforta vorgewiesene Mikroskop und dessen Wirkungen beschrieben werden. 5) Inwiefern kann der Wandern dem Handwerksburschen zu grossem Vortheil gereichen? 6) Welche Vergnügungen und Genüsse bietet uns der Winter vor den übrigen Jahreszeiten? 7) Beschreibung der Pforte und ihrer nächsten Umgebungen, als Brief an einen Freund.

IV. Die Abiturienten bearbeiteten folgende Themata: Zu *Michaelis:* Wie kommt es, dass uns die Jahre unserer Kindheit späterhin gewöhnlich als die glücklichsten unseres Lebens erscheinen? — Zu *Ostern:* Inwiefern können Feste, zum Andenken an grosse, um das Vaterland wohlverdiente Männer gefeiert, besonders auf Jünglinge anregend einwirken?

B. Lateinische.

I. Ober-Prima. Im S. 1) Recteue Cicero ad Atticum scribat, ab interfectoribus Caesaris rem actam esse animo virili, consilio puerili. 2) Graecia capta ferum victorem cepit et artes intulit agresti Latio. 3) Regnorum veterum Asiaticorum secundum Herodotum (I, 95—100. III, 30—36. 150—160. I, 118—119. VII, 38—39) adumbratio. 4) Quibus argumentis Socrates in Critone Platonis demonstret sibi non licere se fuga supplicio subtrahere. 5) Caussaene Socratis apud Platonem in Apologia recte se habeant, cur sibi nullam reipublicae administrandae partem attingendam esse putaverit. 6) Alcibiadis oratio expeditionem Siciliensem suadentis sec. Thuc. VI, 16—18. — Im W. 1) Rectene Socrates existimandus sit summissa oratione se e vinculis liberare noluisse. 2) Qualis fuerit libertas Graecis a C. Flaminio donata. 3) Quid Cicero de Sullae dominatione iudicaverit, ex oratione eius pro Roscio Amerino demonstretur. 4) Agrippinae, Germanici uxoris, vita et ingenium sec. Tacitum. 5) Herodoti de Cyro narratio examinetur. 6) Graecorum tyranni, qui ante Persica bella fuerunt, quo modo plerumque imperio potiti sint et quibus artibus id confirmare studuerint sec. Herodotum (V, 67—68. 92). 7) Uter rectius fecisse existimandus sit, Lycurgus, qui legibus suis cives in perpetuum, an Solon, qui in decem annos obligari voluerit.

II. Unter-Prima. Im S. 1) Lucilii illud: Ut Romanus populus victus vi et superatus proeliis saepe est multis, bello vero nunquam, in quo sunt omnia — vere dictum esse, demonstratur. 2) De Homero omnis virtutis magistro. 3) Ovidii Tristium libri secundi argumentum. 4) Errare, qui Horatio carmen libri tertii tricesimum crimini vertant. 5) Philippicam Ciceronis secundam quo iure Iuvenalis X, 125 divinam dixerit, exquiritur. 6) Ciceronis iudicium, Epaminondam fortasse summum virum unum omnis Graeciae fuisse, expenditur. 7) Romanis non tam reges iuvisse fuisse, quam ultimum ipsorum regem, demonstratur. 8) Quos fructus litterae ex Alexandri Magni expeditione in Asiam facta perceperint, exponitur. 9) Quaeritur, num Horatius iure ignaviae accusetur, Carm. II, 7, 9. — Im W. 1) De Q. Hortensii Hortali vita et virtute oratoria. 2) Euarratur carmen Horatii primum. 3) Eloquentia cur post ceteras omnes artes in Graecia exculta sit, disquiritur. 4) Non posse oratorem esse, nisi virum bonum, Quintil. XII, 1. 5) Cur Cicero summum inter oratores Romanos locum obtineat, exponitur. 6) Tu regere imperio populos, Romane, memento, parcere subiectis et debellare superbos, Virgil. Aen. VI, 852. 7) Graiis ingenium, Graiis dedit ore rotundo Musa loqui, praeter laudem nullius avaris, Horat. Art. 323. 8) Ex Taciti Germania et voluptatem percipi et utilitatem, ostenditur.

III. Ober-Secunda. 1) Quibus virtutibus P. Cornelius Scipio Africanus maior insignis fuerit. 2) Utrum C. Caesar an M. Cato rectiorem de puniendis Catilinariis in senatu sententiam tulit! 3) De diversis Graecorum et Troianorum secundum Iliadem moribus. 4) Quarum virtutum laude Germani antiqui reliquis populis praestiterint. 5) C. Julius Caesar et virtute et rebus gestis Alexandro Magno haud inferior. 6) De Cimonis in rempublicam atticam meritis. 7) Quam vere dixerit Socrates, iniuriam pati quam inferre melius esse. 8) Quam rationem Socrates in recusando Critonis de se ex vinculis liberando consilio secutus est!

IV. Bei den Abiturienten-Prüfungen. Zu *Michaelis:* Quibus caussis factum sit, ut uno illo apud Chaeroneam proelio libertas Graecorum everteretur. — Zu *Ostern:* Quibus caussis factum sit, ut Cicero in exilium pelleretur.

d. Lehrbücher.

Ausser den bereits angeführten Schriftstellern und Lesebüchern sind noch zu nennen: Zumpt's lat. Grammatik; Seyffert's palaestra Musarum, Th. 1 für Unter- und Ober-Tertia; Krüger's griechische Sprachlehre; Gesenius, hebräische Grammatik; Simon, französische Grammatik; Hahn, Uebungen in der mittelhochdeutschen Grammatik; deutsches Lesebuch von Bach, herausgegeben von Koberstein, Theil 3 u. 4, für Unter- und Ober-Tertia; Peter, Zeittafeln der griechischen und römischen Geschichte, für Prima, und Geschichtstabellen, für Unter- und Ober-Tertia; Voigt, Leitfaden der Geographie; Vega's logarithmische Tafeln und kurze als Manuscript gedruckte Leitfaden für die einzelnen mathematischen Klassen.

e. Gegenwärtige Vertheilung der Lehrstunden unter die Lehrer.

Lehrer.	I a	I b	II a	II b	III a	III b	Summa
Rector Dr. **Peter**	8 Lat. 3 Gesch.						11 St.
Prof. und geistl. Insp. **Niese**		2 Rel.	2 Rel.		2 Rel.		6 St.
Prof. Dr. **Koberstein**	2 Deutsch 2 Franz.	2 Deutsch 2 Franz. 1 Deutsch	2 Deutsch	2 Deutsch			13 St.
Prof. Dr. **Steinhart**	6 Griech.		10 Lat.				16 St.
Prof. Dr. **Jacobi**			4 Math.	4 Math.		4 Math.	12 St.
Prof. **Keil**	2 Lat.	10 Lat.			3 Lat.		15 St.
Prof. **Buddensieg**		2 Hebr.	2 Hebr.	2 Hebr. 2 Rel.		2 Rel. 3 Deutsch	13 St.
Prof. **Buchbinder**	4 Math.	4 Math. 2 Phys.			4 Math.	2 Geogr.	16 St.
Prof. Dr. **Corssen**			3 Gesch.	11 Lat. 3 Gesch.			17 St.
Adj. Dr. **Euler**			2 Franz			6 Griech. 3 Gesch.	11 St.*
Adj. Dr. **Becker**				2½ / 2½ Franz	3 Gesch.	11 Lat.	18 St.
Adj. Dr. **Franke**		6 Griech.		6 Griech.	6 Griech.		18 St.
Dr. **Heinze**			6 Griech.		8 Lat. 3 Deutsch		17 St.
Musikdir. **Seiffert**			G e s a n g				6 St.
Zeichenlehrer **Hossfeld**			Zeichnen in 4 Klassen.				8 St.
Schreiblehr. **Kargee**			Schreiben in 4 Abtheilungen				4 St.

Summa 201 St.**

* Dazu noch 6 St. Turnen.
** Dazu noch 6 St. Turnen und (im Winter) 12 St. Tanzen, Gesammtzahl der St. sonach 219, wegen der weitern Ausführung der Trennung von Ober- und Unterprima 8 mehr als bisher.

f. Uebersicht über die Lehrgegenstände.

Fächer.	I sup.	I inf.	II sup.	II inf.	III sup.	III inf.	Summa.
Religion	2	2	2	2	2	2	10
Deutsch	1	2	2	2	3	3	15
Lateinisch	10	10	10	11	11	11	63
Griechisch	6	6	6	6	6	6	36
Französisch	2	2	2	2	—	—	10
Hebräisch	2		2	2	—	—	6
Mathematik	4	4	4	4	4	4	24
Physik	2	..	—	—	—	—	2
Geographie	3	3	3	3	2	2	17
Geschichte						3	
Singen	1	1	1	1	1	1	6
Zeichnen	—	—	—	—	—	—	8
Schönschreiben	—	—	—	1	1	1	4
Turnen	—	—	—	—	—	—	6
Tanzen	—	—	—	—	—	—	12
Summa	35	35	32	33	31	33	219

II. Verordnungen und Bekanntmachungen des Königlichen Provinzialschulcollegiums.

1) Durch Generalrescr. vom 27. Juni 1859 wird auf den im October wieder beginnenden Cursus der Königl. Central-Turnanstalt in Berlin aufmerksam gemacht und dessen Benutzung von Seiten junger Schulmänner, welche später den Unterricht in der Gymnastik an Gymnasien etc. übernehmen wollen, oder auch schon fungirender Turnlehrer, welche sich weiter vervollkommnen wollen, empfohlen. Dabei wird zugleich für einzelne Eleven unter besonderen Umständen eine ihnen den Aufenthalt in Berlin erleichternde Unterstützung in Aussicht gestellt.

2) Durch Generalrescript vom 24. September werden die Vorstände der Gymnasien erinnert, bei der Aufnahme von Schülern, die von andern Gymnasien kommen, namentlich von solchen, die von Seiten ihres sittlichen Betragens, ihres Fleisses und ihrer Fortschritte durch das Abgangszeugniss des andern Gymnasiums nicht empfohlen werden, hinsichtlich des ihnen anzuweisenden Platzes mit Sorgfalt und Strenge zu verfahren.

3) Unter dem 18. Januar 1860 wird die Anordnung getroffen, dass solchen Schülern, welche an der Abiturientenprüfung Theil genommen, sie aber nicht bestanden haben, auf ihr oder ihrer Angehörigen Verlangen statt des Zeugnisses der Nichtreife auch ein gewöhnliches Abgangszeugniss ausgestellt, in dasselbe aber am Schluss die Anmerkung aufgenommen werden soll, dass sie die Abiturientenprüfung nicht bestanden haben.

4) Durch Generalrescript vom 20. Februar wird den Directoren evangelischer Lehranstalten die Ermächtigung ertheilt, sofern nicht besondere Bedenken entgegenstehen, den dreihundertjährigen Todestag Philipp Melanchthons durch eine besondere Schulfeier zu begehen.

5) Unter dem 11. April werden die Directoren auf Anlass eines Rescripts des Herrn Unter-

richtsministers vom 27. März angewiesen, sofern an den Anstalten ein in der Central-Turnanstalt ausgebildeter Civileleve als Turnlehrer angestellt ist, denselben zu einem Gutachten darüber aufzufordern, wie die in der Central-Turnanstalt auf Grund des Ling'schen Systems erhaltene Anweisung — unter Festhaltung des Gesichtspunktes, dass das Turnen in den Schulen, ohne dessen besondere Zwecke ausser Acht zu lassen, doch immer in einem nothwendigen Zusammenhang mit demjenigen System der gymnastischen Uebungen stehen muss, welches in der Armee zur Ausbildung und Wehrhaftmachung des Soldaten in Anwendung gebracht wird — sich als zweckmässig und ausreichend für den gymnastischen Unterricht der Jugend erweise, und dasselbe mit den nöthig scheinenden Bemerkungen begleitet einzureichen.

III. Chronik der Landesschule.

Das verflossene Schuljahr begann am 28. und 29. April mit der Aufnahmeprüfung, durch welche 23 Schüler aufgenommen wurden.

Am 21. Mai wurde das Stiftungsfest der Anstalt in der üblichen Weise gefeiert. Das Einladungsprogramm dazu war vom Adjunkten Dr. Heine verfasst; der Gegenstand desselben ist: Stoicorum de fato doctrina.

Folgende Schüler erhielten an diesem Tage Prämien: aus Prima *Wilhelm von Kirchbach* aus Patterow den Gallus von Becker, *Hermann Pabst* aus Burg die Geschichte der griechischen Literatur von O. Müller, *Bernhard Herzog* aus Schkeuditz Vischers Erinnerungen aus Griechenland, *Ernst von Gersdorff* aus Weimar Pompeji von Overbeck; aus Obersecunda *Eugen Bormann* aus Patterow den Hitchenbach Hermanns griechische Staatsalterthümer, *Franz Rasch* aus Döben den Tibull von Dissen; aus Untersecunda *Ernst Wickenhagen* aus Leubingen Schoemanns griechische Alterthümer, *Theodor Frommann* aus Petersburg Humboldts Ansichten der Natur; aus Obertertia *Bruno Haushalter* aus Wernigerode Yorks Leben von Droysen, *Richard Raabe* aus Gössitz die schönsten Sagen des Alterthums von G. Schwab; aus Untertertia *Robert Buddensieg* aus Greussen Friedrich der Grosse von Kugler und Menzel, *Hermann Jacobi* aus Goseck das Handbuch der Mythologie von Stolle.

In den Tagen vom 1. bis 3. Juni besuchte Herr Generalsuperintendent D. Lehnerdt die Anstalt. Er wohnte dem Religionsunterrichte in sämmtlichen Klassen bei und widmete der Pflege des religiösen Lebens in der Anstalt auch sonst die eingehendste Aufmerksamkeit und Fürsorge. Auch Herr Oberpräsident von Witzleben hat die Anstalt am 1. Juli wieder mit seinem Besuche beehrt.

Die mündliche Abiturientenprüfung für Michaelis hat unter dem Vorsitz des Herrn Provinzial-Schulraths Wendt am 3. und 4. September stattgefunden. Die 8 Abiturienten wurden sämmtlich für reif erklärt und am 7. September feierlich entlassen.

Das Wintersemester ist mit der Aufnahmeprüfung am 3. und 4. October begonnen worden, durch welche 14 Zöglinge aufgenommen worden sind.

Die Geburtstagsfeier Sr. Majestät des Königs war wegen der noch fortdauernden Krankheit Sr. Majestät auch in diesem Jahre auf den üblichen Schulactus und auf das Festessen der Alumnen beschränkt; die Festrede hielt der Adjunkt Dr. Euler über den grossen Kurfürsten und seine deutschen Bestrebungen.

Der 18. October wurde auch in diesem Jahre, wie seit einer Reihe von Jahren, durch eine Rede, welche Prof. Dr. Steinhart hielt, und durch Declamationen, Vorträge und Gesang der Schüler gefeiert.

Kurze Zeit nach dieser Feier traf die Anstalt ein eben so schmerzlicher als unerwarteter Verlust durch den Tod des Herrn Provinzial-Schulrath Wendt, welcher, obwohl unserer Provinz erst seit 3½ Jahren angehörend, durch seine Humanität, durch sein reges lebendiges Interesse wie für die Gymnasien der Provinz überhaupt, so namentlich für unsere Anstalt, durch seine thätige, überall bereite, unermüdliche Fürsorge für das Ganze der Anstalt und für die einzelnen Lehrer sich die allgemeine Hochachtung und Verehrung des Lehrercollegiums erworben und ein dauerndes, dankbares Andenken bei uns gegründet hat. Er starb am 4. November; am 6. November wurde ihm nach der bei uns bestehenden Sitte, wonach wie für die Lehrer und ehemaligen Schüler der Anstalt, so auch für diejenigen, welche als Vorgesetzte mit derselben in enger Beziehung gestanden haben, eine Todtenfeier veranstaltet zu werden pflegt, vom Rector ein ausserordentliches Ecce gehalten.

Am 10. November wurde der hundertjährige Geburtstag Schillers durch eine Schulfeierlichkeit begangen, bei welcher mehrere Schüler selbstgefertigte Gedichte vortrugen und Prof. Dr. Koberstein die Festrede hielt.

Das allgemeine Ecce wurde am 19. November, dem Vorabende des Todtenfestes, vom Professor Keil für folgende ehemalige Zöglinge der Anstalt gehalten: 1) *Christian Friedrich Gottlieb Simon* aus Radis, Alumnus 1787—1793, starb am 2. October v. J. als emeritirter Prediger in Leipzig; 2) *Johann August Wilhelm Steinhäuser* aus Geilsdorf bei Plauen, Alumnus 1793—1799, starb am 29. Januar v. J. als emeritirter Prediger in Plauen; 3) *Christian Wilhelm Hildebrand* aus Pforta, Alumnus 1803—1809, starb am 11. Juni 1858 als emeritirter Professor des Gymnasiums in Düsseldorf in Erkrath bei Düsseldorf; 4) *Johann Christian Friedrich Axmann* aus Amt-Gehren bei Ilmenau, Extraneer 1804—1809, starb am 2. Februar v. J. als praktischer Arzt und Geh. Sanitätsrath in Erfurt; 5) *Adalbert Prange* aus Kelbra, Alumnus 1844—1847, starb im December 1858 als Intendanturbeamter in Magdeburg; 6) *Adolph Jacobi* aus Graudenz, Alumnus 1852—1858, starb am 19. Februar v. J. als Avantageur der königl. Armee in Stettin; 7) *Oskar Hey* aus Greitz, Extraneer 1849—1856, starb als Studierender der Medicin; 8) *Ernst Gustav Knauff* aus Rathenow, Alumnus 1855—1858, starb als Fähndrich in Torgau. Am 14. April d. J. wurde noch dem am 25. Februar d J. verstorbenen Geheimen Hofrath Friedrich von Thiersch, dessen schon im vorigen Programme bei Gelegenheit seines 50jährigen Jubiläums als eines eben so dankbaren wie ausgezeichneten Zöglings unserer Anstalt gedacht worden ist, von dem Prof. Dr. Steinhart ein ausserordentliches Ecce gehalten.

Die mündliche Abiturientenprüfung für Ostern wurde am 7. u. 8. März d. J. unter dem Vorsitz des Herrn Prov.-Schulrath Dr. Trinkler gehalten. Die 10 Abiturienten haben das Zeugniss der Reife erhalten und sind am 14. März feierlich entlassen worden.

Am 22. März wurde der Geburtstag Sr. Königl. Hoheit des Prinzregenten durch eine Schulfeierlichkeit, bei welcher Inspector Niese die Festrede hielt und die Schüler theils fremde theils von ihnen selbst gefertigte Gedichte vortrugen, und durch ein Festessen der Zöglinge begangen.

Am 19. April wurde der 300jährige Todestag Melanchthons feierlich begangen, wobei ebenfalls Inspector Niese die Festrede hielt.

Mit dem Anfange des laufenden Semesters verliess uns der 2. Adjunct, Herr Dr. Otto Heine, um bei dem Königl. Friedrich-Wilhelms-Gymnasium in Posen als ordentlicher Lehrer einzutreten. Er hat der Anstalt 5 Jahre als Lehrer angehört und sich durch seine glücklichen Lehrgaben, seine Gelehrsamkeit und seinen Eifer in Erfüllung seiner Berufspflichten ein dankbares Andenken bei uns gestiftet. Seine Funktionen wurden wenige Tage nachher von den Canditaten des gelehrten Schulamts, Dr. Max Heinze, übernommen.

Noch können wir nicht unerwähnt lassen, dass uns wieder eine Stiftung zum Besten bedürftiger Zöglinge unserer Anstalt in Aussicht gestellt worden ist. Nach einer Eröffnung des Herrn Unterrichtsministers vom 24. November v. J. hat nämlich die Wittwe eines ehemaligen Pförtners, des im J. 1852 in Wien verstorbenen Privatgelehrten Dr. Carl Baldamus, welcher in den Jahren 1798—1803 unsere Anstalt besucht, 6500 fl. Conv.-Münze zum Zweck eines Stipendiums für einen Schüler der Anstalt vermacht. Die näheren Mittheilungen behalten wir uns bis dahin vor, wo der von hier aus der vorgesetzten Behörde vorgelegte Statutenentwurf die erforderliche landesherrliche Genehmigung erlangt haben wird. — Die im vorigen Programm erwähnte Glütschow-Stiftung ist nunmehr ins Leben getreten, indem das Statut derselben genehmigt worden ist.

IV. Die Zöglinge der Anstalt.

Uebersicht über die Frequenz der Anstalt:

	Ia	Ib	IIa	IIb	IIIa	IIIb	Summa.
Nach Ostern 1859 waren	18	32	26	43	38	42	199
Abgegangen von Ostern bis Michaelis 1859	9	—	—	—	…	—	9
Es waren zu Michaelis 1859 nach Abgang der Abiturienten	9	32	26	43	38	42	190
Davon wurden versetzt	—	15	16	20	13	14	78
Es kamen durch Versetzung hinzu	15	16	20	13	14	—	78
Neu aufgenommen zu Michaelis 1859	—	—	1	1	2	10	14
Nach Michaelis 1859	24	33	31	37	41	38	204

	Ia	Ib	IIa	IIb	IIIa	IIIb	Summa.
Abgegangen von Michaelis 1859 bis jetzt	10	—	1	4	2	7	24
Es waren zu Ostern 1860 nach Abgang der Abiturienten	14	33	30	33	39	31	180
Davon wurden versetzt	—	17	7	17	20	16	77
Es kamen durch Versetzung hinzu	17	7	17	20	16	—	77
Neu aufgenommen	—	—	1	—	2	20	23
Jetzt:	31	23	41	36	37	35	203

Mit dem Zeugniss der Reife zur Universität sind abgegangen:

	Namen.	Geburtsort.	Alter Jahre.	Schulzeit überh. Jahre.	Schulzeit in I Jahre.	Studium.	Universität.
	a. Michaelis 1859.						
1	*Alexander Diesterweg*	Orsoy	$19^3/_4$	6	2	Naturw. u. Medic.	Berlin.
2	*Carl Jacobi*	Pforta	$19^3/_4$	7	2	wird Soldat	—
3	*Richard Reuter*	München	$19^1/_2$	6	2	Jura u. Cameralia	München.
4	*Wilhelm von Kirchbach*	Padderow	$18^3/_4$	5	2	desgl.	Berlin.
5	*Carl Wolf*	Langensalza	$21^1/_2$	$6^1/_2$	2	Medicin	Berlin.
6	*Oscar Kraemer*	Elsterwerda	20	$6^1/_2$	2	wird Soldat	—
7	*Hermann Pabst*	Burg	$17^1/_4$	$5^1/_2$	2	Philol. und Gesch.	Bonn.
8	*Ernst Glocke*	Hergisdorf	19	$5^1/_2$	2	Math. und Chemie	Leipzig.
	b. Ostern 1860.						
1	*Wilhelm Bergmann*	Berleburg	20	$4^1/_2$	2	Theologie	Halle.
2	*Adalbert von Neumann*	Hauseberg	$20^1/_4$	$6^1/_2$	$2^1/_2$	Jura u. Cameralia	Berlin.
3	*Walther Potel*	Uftrungen	$18^1/_2$	6	2	Theol. u. Philol.	Halle.
4	*Hasso von Flemming*	Basentin	$21^1/_2$	4	2	Jura u. Cameralia	Bonn.
5	*Otto Müller*	Weissenfels	$19^1/_4$	$6^1/_2$	2	Theologie	Halle.
6	*Friedrich Schünemann*	Mansfeld	$20^1/_4$	5	2	Baufach	Berlin.
7	*Bernhard Herzog*	Schkeuditz	$19^1/_2$	$6^1/_2$	2	wird Soldat	—
8	*Hermann Mey*	Langensalza	$20^1/_2$	$7^1/_2$	2	Mathematik	Jena.
9	*Eugen Schöppenthau*	Jauer	$18^1/_4$	5	2	Baufach	Berlin.
10	*Paul von Bauern*	Graudenz	$19^1/_4$	6	$1^1/_2$	wird Soldat	—

Ausserdem sind abgegangen:

a) aus Oberprima: *Philipp Heydenreich* aus Sonneburg; b) aus Obersecunda: *Maximilian Reuter* aus München, *Robert Otto* aus Erfurt; c) aus Untersecunda: *Friedrich Mondschein* aus Kindelbrück, *Otto Höne* aus Naugard, *Carl Zachariae von Lingenthal* aus Heidelberg; d) aus Obertertia: *Paul Krug* aus Berlin, *Carl Fischer* aus Berlin; e) aus Untertertia: *Paul Weber* aus Weissensee, *Gustav Besser* aus Kistritz, *Otto Thümmel* aus Zeitz, *Heinrich Blasius* aus Halle, *Friedrich Timme* aus Südgröningen, *Carl Pohl* aus Liebenwerda, *Benno Schultz* aus Berlin. Die beiden erstgenannten sind zum Militair, *Otto* zum Kaufmannsstande, *von Lingenthal* zur Landwirthschaft, die übrigen sind auf andere Bildungsanstalten übergegangen.

Verzeichniss der Alumnen und Extraneer.

Ober-Prima.

I. Ordnung.

Ernst von Gersdorff I. aus Weimar. Extraneer Prof. Koberstein.

Theodor Mende aus Seidenberg. Fam. Prof. Jacobi. Insp.

Otto Korschewitz aus Bachra. Fam. Rector Dr. Peter. Praec. I. Insp.

Adolph Gruno aus Jüterbogk. Fam. Prof. Corssen. Insp.

Alphons von Maltitz aus Altrosenberg. Fam. Dr. Heinze. Insp.

Wilhelm Telle aus Kösen. Fam. comm. I. Insp.

Georg Quehl aus Erfurt. Fam. Inspector Niese. Insp.

Gustav Gemberg aus Meyenburg. Fam. Prof. Steinhart. Insp.

Albert Thiemich aus Annaburg. Insp.

Friedrich Müller I. aus Güterglück. Fam. comm. II. Insp.

Ernst Neidhardt I. aus Teuditz. Insp.
Wilhelm Borges aus Höxter. Insp.
Georg von Götz aus Hohenbocka.
Hermann Eilert aus Sangerhausen.
II. Ordnung.
Eugen Bormann I. aus Hilchenbach. Insp.
Gustav Blau I. aus Wolframshausen. Fam. Dr. Franke. Insp.
Heinrich Hieronymus aus Eckartsberga. Insp.
Felix Granier I. aus Grüneberg. Insp.
Heinrich von Köhring aus Wernigerode. Praec. II.
Wilhelm Hübner aus Sundhausen. Fam. Prof. Buddensieg.
Oscar Roick aus Pforta.
Otto Köhler aus Loburg. Fam. Dr. Euler.
Ernst Reich aus Burg. Fam. Prof. Buchbinder.
Julius Steinhardt aus Schlieben.
Karl Peter I. aus Meiningen. Extraneer Rector Dr. Peter.
Hugo Frasch aus Langensalza.
Richard Braune I. aus Naumburg.
Moritz Graf von Hohenthal aus Hohenpriessnitz. Extraneer Prof. Buddensieg.
Hermann Döhlert I. aus Spielberg. Fam. Prof. Keil.
Adolph Langerhannss aus Kösen. Fam. Prof. Koberstein.
Karl Sichting I. aus Borcken.

Unter-Prima.
I. Ordnung.
Hermann Schütze I. aus Magdeburg.
Gustav Gottsched aus Wernigerode.
Richard Kraft I. aus Lossa.
Hermann Ehrenberg aus Berlin.
Ernst Göring aus Mücheln.
Georg von Strampf aus Wahlstadt.
Franz Rasch aus Düben.
Alexis Braune II. aus Naumburg.
Hermann Lüttich aus Sangerhausen.
Otto Flügel aus Lützen.
Justus Höne I. aus Naugard. Fam. Dr. Becker.
Hermann Keil aus Grumbach.
Ernst Fritsch aus Halle a/S.
Arnold Stüler aus Berlin.
Theodor Verdens aus Quedlinburg.
Theodor Frommann aus St. Petersburg. Extraneer Rector Dr. Peter.

II. Ordnung.
Oswald Maiss aus Oppeln.
Ernst Wickenhagen aus Leubingen.
Johannes Hentschel aus Weissenfels.
Karl von Römer aus Janisrode.
Theodor Göbel aus Siegburg.

Karl Müller II. aus Klein-Wusterwitz.
Eduard Amen aus Prenzlau.

Ober-Secunda.
I. Ordnung.
Otto Breithaupt aus Finsterwalde.
Heinrich Böhme aus Kirchhain.
Robert Schröer aus Waldstedt.
Eduard Deutelmoser aus Iserlohn.
Wilhelm Schleusner aus Kemberg.
Albert Wölfer aus Zahna.
Johannes Neidhardt II. aus Teuditz.
Otto Scheibe aus Naumburg.
Wilhelm Michael aus Halle.
Wilhelm Simon aus Halberstadt.
Feodor von Borcke aus Potsdam. Extraneer Prof. Koberstein.
Johannes Weineck aus Cölleda.
Ottomar Mehnert aus Zachornogosda.
Robert Rottorf aus Sömmerda.
Paul Puschke aus Triebel.
Robert Kummbly aus Mühlberg.
Johann Smidt aus Bremen. Extraneer Prof. Buchbinder.
Bruno Mittelstrass aus Calbe a/M.
Paul Krüger aus Halberstadt.
Ernst Grubitz aus Magdeburg.
Albert Tech aus Greifenberg.

II. Ordnung.
Hermann Stedefeldt aus Langensalza.
Bruno Haushalter aus Wernigerode.
Theodor Friese aus Posen.
Johannes Steuer aus Reppen.
Alexander Mackenhauer aus Blankenhain.
Eduard Worgitzky aus Sarmond.
Hugo Rupp aus Kindelbrück.
Paul Tiedke aus Berlin.
Theodor Sauerteig aus Wernburg.
Paul Töpelmann aus Globig.
Otto Sichting II. aus Borcken.
Oscar Pfeil aus Kötschau.
Oscar Grulich aus Saathain.
Johannes Jäger I. aus Klein-Oschersleben.
Georg Sombart aus Genthin.
Ernst Kiekebusch aus Hohen-Selchow. Extraneer Prof. Curssen.
Johannes Portius I. aus Reetz.
Karl Waldhauer aus Sömmerda.
Hugo Fähndrich aus Berlin.
Leopold Zachariae aus Neuenheim.

Unter-Secunda.
I. Ordnung.
Richard Raabe aus Güssitz.
August Heydemann aus Memleben.

Rudolph Purper aus Baumholder.
Bernhard Döhlert II. aus Spielberg.
Karl Obermann aus Möckern.
Emil Neidhardt III. aus Teuditz.
Heinrich Wendt aus Minden.
Arthur von Henning aus Ringleben.
Eduard Schmidt aus Bitterfeld.
August Wieblitz aus Blankenhaim.
Ludolph Penkert aus Sangerhausen.
Cölestin Buchs aus Kosten.
Walter Bormann II. aus Potsdam.
Karl von Gräfe aus Berlin. Extraneer Rector Dr. Peter.
Karl Thomae aus Laucha.
Theodor von Gersdorff II. aus Oestrichen. Extraneer Prof. Koberstein.

II. Ordnung.

Heinrich Gottschalk aus Heldrungen.
Gustav Hartmann aus Naumburg.
Richard Engelmann aus Nebra.
Karl Friederich aus Wernigerode.
Johannes Schütze II. aus Naundorf.
Wilhelm Rehkopf aus Wegenstedt.
Otto Uhlig aus Halle.
Rudolph Buddensieg I. aus Greussen. Extraneer Prof. Buddensieg.
Ernst Fischer aus Sondhausen.
Paul Voitus aus Rawicz.
Guido Meyer aus Carlsruhe in Oberschlesien.
Theodor Riedel aus Wolmirstedt bei Weissensee.
Georg Stöckert aus Jessen.
Hermann Jacobi aus Goseck.
Paul Portius II. aus Reetz.
Raimund Granier II. aus Fraustadt.
Arthur Möser aus Laubau.
Alfred Müller III. aus Wiedebach.
Moritz Niese aus Pforta.
Ernst Bühr aus Berlin.

Ober-Tertia.

I. Ordnung.

Friedrich Nietzsche aus Röcken.
Otto Wolf I. aus Schafstedt.
Ernst von Lorch aus Coblenz.
Heinrich Jäger II. aus Gatterstedt. Semiextraneer.
Karl Sponholtz aus Schloppe.
Thedwig von Oertzen aus Sophienhof. Extraneer Prof. Buddensieg.
Karl Bercht aus Schloss Annaburg.
Richard Geest aus Berlinchen.
Friedrich Reinhardt aus Oppershausen.
Otto Böess aus Wernigerode.

Wilhelm Peter II. aus Hildburghausen. Semiextraneer.
Karl Bendixsohn aus Riesenburg.
Albrecht Giese aus Jacobshagen.
Karl Hengstenberg aus Claswipper.
Karl Hempel aus Weissenfels.
Paul Deussen aus Oberdreis.
Karl Sittig aus Magdeburg. Extraneer Rector Dr. Peter.
Albert Hildmann aus Ronstädt.
Paul Arndt aus Annaburg.

II. Ordnung.

Georg Drassdo aus Weissenfels.
Bernhard Schneider aus Mühlberg.
Otto Döhlert III. aus Spielberg.
Hermann Bormann III. aus Hilchenbach.
Hermann Kallenberg aus Laugensalza.
Richard Bodenstein aus Osterburg.
Conrad Müller IV. aus Eilenburg.
Hugo Radke aus Margonin.
August von Wolzogen aus Halle.
Hermann Hennig aus Bitterfeld.
Maximilian Sohr aus Neisse.
Oscar Kraft II. aus Gröbitz.
Karl von Gersdorff III. aus Jena. Extraneer Prof. Koberstein.
Woldemar Arnold aus Dresden.
Wilhelm Lauer aus Barmen.
Arthur Walter aus Mertendorf.
Rudolph Richter aus Aschersleben.
Leopold Helwing aus Berlin.

Unter-Tertia.

I. Ordnung.

Kuno Wiemer aus Weissenfels.
Adolph Textor aus Stettin.
Ernst Engels aus Falkenhagen.
Wolf von der Lancken aus Galenbeck. Extraneer Rector Dr. Peter.
Johannes Wolf II. aus Schnafstädt.
Walther Müller V. aus Kösen.
Ernst Stöckhardt aus St. Petersburg.
Theodor Ruthmann aus Wasserleben.
Alfred Gottschling aus Klein-Waudris. Extraneer Dr. Euler.
Erwin Blau II. aus Wolframshausen.
Franz Koch aus Weissenfels.
Gustav Kögel aus Weissensee.
Johannes Potel aus Uftrungen.
Hermann von Fuchs aus Spundow.
Otto Steinhardt II. aus Schlieben.
Theodor Pieschel I. aus Tümpling. Semiextraneer.

Paul *Ehrenberg II.* aus Alsleben.
Julius *Hase* aus Dargun. Extraneer Prof. Koberstein.
Paul *Hirsemann* aus Weissenfels.
Adolph *Gräser* aus Oberheldrungen.
Wilhelm *Möller* aus Lissen.

II. Ordnung.

Emil *Jungmann* aus Sangerhausen.
Curt von *Flemming* aus Stargard. Extraneer Prof. Buddensieg.
Otto *Buddensieg II.* aus Tennstädt. Extraneer Prof. Buddensieg.

Hermann *Zschau* aus Tennstädt.
Paul *Michaelis* aus Alten-Beichlingen.
Paul *Fleischhauer* aus Henschleben.
Oscar *Wunderlich* aus Coblenz.
Clemens *Fulda* aus Schönfeld.
Paul *Krabath* aus Vietmannsdorf.
Franz *Rudloff* aus Naumburg.
Otto *Härtel* aus Camburg. Extraneer Rector Dr. Peter.
Karl *Hartung* aus Langensalza.
Bernhard *Pieschel II.* aus Stettin. Semiextraneer.
Richard *Libbach* aus Berlin.

V. Stand des Lehrapparats.

Für die Bibliothek wurden im Laufe des verflossenen Schuljahres aus den etatsmässigen Mitteln angeschafft:

Hesychii Alex. Lex. rec. Maur. Schmidt, v. II f. 3—8, Jenae 1860. E. v. Wietersheim Geschichte der Völkerwanderung, Band 1, 2. Hälfte, Leipz. 1859. Nekrolog von Schlichtegroll, Jhrg. 1790—1800, 12 Bde, Gotha 1805. Herodot. ed. J. C. F. Bähr, vol. III, Lips. 1859. Jac. und Wilh. Grimm Deutsches Wörterbuch, Bd. 2, Bd. 3, 1—3, Leipz. 1859 - 60. Overbeck, Gesch. der griech. Plastik, Leipz., Bd. 1 1857, Bd. 2 1858. H. Stephani Thesaurus ling. Graec. edd. Hase et Dindorf., v. I f. 8, Paris. C. Ritter Die Erdkunde, Th. 19, Berl. F. Walter Deutsche Rechtsgeschichte, 2. Aufl., Bd. 1 u. 2, Bonn 1857. Ulrichi Hutteni Opera, ed. Boecking, v. II Lips. 1859. G. Voigt Die Wiederbelebung des klassischen Alterthums, Berl. 1859. W. Giesebrecht Geschichte der deutschen Kaiserzeit, Braunschw., Bd. 1 1855, Bd. 2 1858. Cassius Dio, rec. Imm. Bekker, v. I—II, Lips. 1849. II. G. Plass Die Tyrannis bei den alten Griechen, 2. Aufl., Leipz. 1859. Gervinus Gesch. des neunzehnten Jahrh, Bd. 4, Leipz. Reymann Topograph. Spezialkarte vom preuss. Staate, Lief. 135—142. Abhandlungen der philologisch-historischen Klasse der k. sächsischen Gesellschaft der Wissenschaften, Leipz. Bd. 1 1850, Bd. 2 1857, Berichte über dieselben, Leipz. 1853. Th. Mommsen Das Edict Diocletian's vom J. 301, Leipz. 1851. Nachtrag zu demselben, ebds. 1851. Al. v. Humboldt Reisen in die Aequinoctialgegenden, deutsch von G. Hauff, Lief. 1—7, Stuttg. 1859—60. C. Sallustii Crispi quae supersunt, rec. R. Dietsch, v. II, Lips. 1859. E. Curtius Abhandlung über griech. Quell- und Brunneninschriften, Göttling. 1859. Etymologicum Magnum ed. Gaisford, Oxon. 1848. A. Rossbach und R. Westphal Metrik der griech. Dramatiker und Lyriker, Leipz., Th. 1 1854, Th. 3 1856. J. Burkhardt Die Zeit Constantins des Grossen, Basel 1853. J. Classen Jacob Micyllus, Frankfurt 1859. Notitia dignitatum, ed. Boecking, Tom. I—III, Bonn 1849—53. Ders. Ueber dieselbe, ebds., 1834. Leop. Ranke Englische Geschichte, Th. 1, Berlin 1859. Vergilii opera, ed. O. Ribbeck, vol. I, Lips. 1859. Gruppe Minos, Leipz. 1859. Zumpt Latein. Grammatik, 11. Aufl., Berlin 1860. A. W. Zumpt Commentationum epigraphicarum v. I. II., Berol. 1850 und 1854. Ders. Studia Romana, Berol. 1859. Lucilii Saturarum rell. coll. F. D. Gerlach, Turici 1846. Itinerarium Antonini Augusti et Hierosolymitanum, edd. G. Parthey et M. Pinder, Berol. 1848. Die Schriften der römischen Feldmesser, herausgeg. von F. Blume, K. Lachmann, A. Rudorff, Berlin, Bd. 1 und 2, 1848, 1852. Ennianae poesis rell. coll. J. Vahlen, Lips. 1854. Q. Curtii libb. q. s., ed. C. T. Zumpt, Brunsvic. 1849. Horapollinis Hieroglyphica, ed. C. Lemans, Amstelod. 1835. Strabonis Geographica, ed. G. Kramer, vol. I—III, Berol. 1844—7. Scholia Graeca in Aristophanem, ed. Fr. Duebner, Paris 1842. Diogenis Laertii libb. ed. C. G. Cobet, Paris 1850. J. Laurentii Lydi de ostentis libb. ed. C. B. Hase, Paris. 1823. Derselbe De mensibus excerpta, ed. Roether, Lips. 1827. Anecdota nova ed. Boissonade, Paris 1844. Corpus Paroemiographorum, edd. E. L. a Leutsch et F. G. Schneidewin, Tom. I—II, Gotting. 1839, 1851. Anecdota Graeca Oxoniensia, ed. J. A. Cramer, vol. I—IV, Paris 1839—41. Aegineticorum liber, scr. C. O. Mueller, Berol. 1817. M. Corn. Frontonis rell. ed. B. G.

Niebuhr, Berol. 1816. C. D. Ilgenii opusc. varia philol., Erford. 1797. Lebensnachrichten über B. G. Niebuhr, Bd. 1—3, Hamburg 1838, 39. Fr. Cramer Geschichte der Erziehung und des Unterrichts im Alterthum, Bd. 1 und 2, Elberfeld 1832, 1838. H. Barth, Wanderungen durch das punische und kyrenaische Küstenland, Berlin 1849. Fr. Roth, Bemerkungen über die Schriften des Fronto, Nürnb. 1817. Aur. Prudentii quae exstant carmina, ed. A. Dressel, p. I, Lips. 1858. Th. Bernhardi Denkwürdigkeiten aus dem Leben des Gener. v. Toll, Bd. 4, Leipz. 1858. O. Peschel Geschichte des Zeitalters der Entdeckungen, Stuttg. u. Tüb. 1858. D. Strauss Ulrich von Hutten, Th. 1, 2, Leipz. 1858. Bulletino dell' instituto, per l'ann. 1834—45, Rom. E. Gerhard Hyperboreisch-Römische Studien, Th. 1, Berlin 1833. Ders. Archäolog. Nachlass aus Rom, Berlin 1852. J. Gurlitts Archäol. Schriften, herausgeg. von Corn. Müller, Altona 1831. L. Ross Alte.lokrische Inschrift, Leipz. 1854. Friederichs Praxiteles und die Niobegruppe, Leipz. 1855. W. Vischer Epigraph. u. archaeol. Beitr. a. Griech., Basel 1855. Secchi Campione d'antica bilibra Romana, Rom 1835. Carte de la Morée, Paris 1832. E. Curtius Peloponnesos, Bd. 1 und 2, Gotha 1851, 1852. W. Gell Itinerary of the Morea, Lond. 1817. E. Curtius Olympia, Berl. 1852. Lud. Stephani Reise durch einige Gegenden des nördl. Griech., Leipz. 1843. Fr. Creuzer Deutsche Schriften, Abth. 4, Darmst. 1836. Bossler De gentibus et familiis Atticae sacerdotalibus, Darmst. 1833. F. Tafel Historia Thessalonicae, Tubing. 1835. M. H. E. Meier De gentilitate Attica, Hal. 1835. F. H. L. Abreus De Athenarum statu politico et literario, Gotting. 1829. Plutarch Ueber Isis und Osiris, herausgeg. von Parthey, Berl. 1850. T. Livii Periochae, Jul. Obsequentis Prodigiorum liber, rec. et em. O. Jahn, Lips. 1853. Kasp. Zeuss Die Deutschen und die Nachbarstämme, Münch. 1837. H. F. W. Hinrichs Die Könige, Leipz. 1852. Poggendorff Annalen der Physik und Chemie, Berlin 1859 N. 3—1860 N. 3. Neue Jahrbücher für Philol. und Paedagog., Leipz. 1859. Zeitschrift für das Gymnasialwesen, Berl., 13. Jahrg. Zeitschrift für vergleichende Sprachforschung, Berlin 1858. Leipziger Repertorium, 17. Jahrg. Crelle Journal für reine und angewandte Mathematik, Bd. 56. Centralblatt für das preuss. Unterrichtswesen, Berl. 1859. Amtsblatt der K. Preuss. Regierung zu Merseburg, 1859. Gesetzsammlung für die K. Preuss. Staaten, Berlin 1859.

Ausserdem erhielt die Bibliothek theils von den vorgesetzten Behörden theils von einigen Gönnern und Freunden der Anstalt und von ehemaligen dankbaren Zöglingen derselben folgende Geschenke:

Vom Königl. Ministerium der geistlichen, Unterrichts- und Medizinal-Angelegenheiten: Leben und ausgewählte Schriften der Väter und Begründer der reformirten Kirche von Hagenbach u. A., Th. 2, Stuttg. 1859. Zeitschrift für deutsches Alterthum, herausgeg. von M. Haupt, Bd. XI, 3, Berl. 1859. Oeuvres de Frédéric le Grand Tom. XII—XV, Berl. 1849, 1850. Pertz Monumenta Germaniae hist., Scriptor. Tom. XVI, Hannover 1859. C. R. Lepsius, Denkmäler aus Aegypten und Aethiopien, Lief. 76—90, Berl. Zeichnungen von A. J. Karstens in der Kunstsammlung zu Weimar, H. 9.

Vom Königl. Provinzial-Schulcollegium zu Magdeburg: M. Meiring Lateinische Elementargrammatik, Bonn 1859.

Von der Königl. Universitätssternwarte zu Königsberg: Astronomische Beobachtungen, Abth. 33. *Von ehemaligen Extraneer Herrn Gütschow:* Arbeiten der kaiserl. russischen Gesandtschaft zu Peking über China, übers. von C. Abel und F. A. Mecklenburg, 2 Bde., Berl. 1858.

Von Lehrern und ehemaligen Schülern der Anstalt die von ihnen selbst verfassten Schriften: von *Herrn Professor Dr. Steinhart:* Platons Werke, übers. von H. Muller mit Einleitungen von K. Steinhart, Bd. VII, Leipz 1859; von *Herrn Professor Dr. Corssen:* Ueber Aussprache, Vokalismus und Betonung der lateinischen Sprache, 2 Bde., Leipzig 1858, 1859; von *Herrn Professor Dr. Ehrenberg:* Beiträge zur Bestimmung des stationären mikroskopischen Lebens, Berl. 1859; von *Herrn Professor Dr. O. Jahn:* Telephos und Troilos, und der Tod der Sophonuba, beides Bonn 1859; von *Herrn Dr. C. Wachsmuth:* De Timone Phliasio, Bonn 1859. De Cratete Mallota, ibid. 1860; von *Herrn Dr. E. Eck:* De natura poenarum secundum jus canonicum, Berol. 1860.

Für den physikalischen Apparat wurden angeschafft: 1) ein Apparat zum Mariotte'schen Gesetz, 2) ein Apparat für stabiles Gleichgewicht, 3) eine schiefe Ebene nebst Rolle, 4) ein Apparat für

Diffusion der Gase, 5) und 6) zwei Pyknometer, 7) ein Apparat zur Beobachtung sich treffender Wasserstrahlen, 8) eine Anzahl kleiner Apparate zu Versuchen über capillar. Attraction, 9) ein Apparat für Seitendruck der Flüssigkeiten, 10) eine Brahma'sche Wasserpresse, 11) eine Messkette, 12) eine Anzahl kleinerer optischer Apparate zu Versuchen über Dauer des Lichteindrucks, Irradiation, Contrastfarben etc., 13) die physikalische Bibliothek wurde vermehrt um Schlömilch mathematisch-physikalisches Journal, eine Karte des nördlichen gestirnten Himmels von Reuter und Dove's klimatologische Beiträge.

Ausserdem schenkte Herr Bergassessor *Siemens* durch Vermittlung des Scholarates Herrn Dr. Zimmermann eine Partie sehr schöner Krystalle von Steinsalz aus dem Stassfurther Lager zu optischen Versuchen.

Für alle oben genannte Beiträge und Geschenke statten wir den Hohen vorgesetzten Behörden sowie den übrigen geehrten Gönnern und Gebern von Seiten der Anstalt unsern ehrerbietigen und verbindlichsten Dank ab.

VI. Ordnung der Schulfeier.

Das Stiftungsfest wird am 21. Mai als dem Stiftungstage in der üblichen Weise begangen werden.

Es beginnt mit einem feierlichen Gottesdienste, welcher früh 8 Uhr seinen Anfang nimmt. Hierauf folgt von 10 Uhr an ein Deklamir- und Redeactus im Turnsaale. Dabei werden deklamiren:

aus **Untertertia**: *Kuno Wiesner* die Eilfe von Wesel von M. H. Lange, *Kurt von Flemming* das Lied von Schill von E. M. Arndt;

aus **Obertertia**: *Richard Geest* die Strassburger Tanne von Rückert, *Richard Bodenstein* die Ulme von Hirsau von Uhland;

aus **Untersecunda**: *Heinrich Wendt* Ibrahim von Pfeffel, *Moritz Niese* Kaiser Maximilians Zweikampf von Carol. Pichler.

Aus **Obersecunda** werden ihre eigenen poetischen Versuche vortragen: *Ottomar Mehnert* Rolands Tod, *Ernst Grubitz* der Wassermann, *Bruno Haushalter* die Rosstrappe, *Johannes Portius* die Versöhnung, *Otto Breithaupt* wird eine lateinische Rede über das Thema halten: Demosthenes maxime in rebus perditis virtutis exemplum;

aus **Prima** wird *Ernst von Gersdorff* in deutscher Rede über Luther und Lessing als Begründer des neuen deutschen Lebens sprechen; *Theodor Mende* wird ein lateinisches Gedicht über die Schlacht bei Leuthen vortragen, und *Otto Korschewitz* wird eine lateinische Rede halten über das Thema: Philippus Macedonum rex callidissimus dolorum ac fallaciarum artifex.

Zuletzt wird der Rector an diejenigen Schüler, welche sich durch Fleiss und Wohlverhalten in vorzüglichem Maasse empfohlen haben, Prämienbücher vertheilen und die Feierlichkeit mit einem Gebet beschliessen.

Zu dieser Feier beehren wir uns, alle Gönner und Freunde der Anstalt, insbesondere die sämmtlichen Beamten derselben ehrerbietigst und ergebenst einzuladen.

Der Rector der Königlichen Landesschule Pforta
Dr. C. Peter.